# INTRODUCTION

## AU TOME V DES

# OUVRIERS DES DEUX MONDES

# LA
# SCIENCE SOCIALE

ET

## L'ÉCOLE DE LA PAIX SOCIALE

par

Urbain GUÉRIN

---

## INTRODUCTION

AU TOME V DES

# OUVRIERS DES DEUX MONDES

PUBLIÉS

PAR LA SOCIÉTÉ INTERNATIONALE DES ÉTUDES PRATIQUES D'ÉCONOMIE SOCIALE

---

PARIS

AUX BUREAUX DE LA RÉFORME SOCIALE

*195, Boulevard Saint-Germain,*

et chez M. DUPONT, trésorier de la Société d'Economie sociale

*34, rue du Rocher.*

—

1883

# INTRODUCTION

## CHAPITRE PREMIER

### L'école et son passé

#### I.

Il y a déjà plus de 27 ans, l'Exposition de 1855 allait fermer ses portes quand, dans la vitrine de l'Imprimerie impériale, on vit paraître un gros volume avec un titre bien capable d'attirer vivement l'attention : les *Ouvriers européens*. Ce titre pouvait sembler n'annoncer qu'une sorte de description pittoresque de la vie des ouvriers de l'Europe, de leur situation, de leurs idées, de leurs aspirations et de leurs souffrances. Mais c'était tout autre chose et ce qui établissait le caractère profondément original de l'œuvre, c'est que l'Académie des Sciences venait de lui donner un prix, le prix de statistique.

Ce fait était très digne d'éveiller la curiosité; car il se trouvait d'abord que l'auteur faisait ressortir dans son ouvrage l'imperfection des procédés de statistique habituellement en usage et donnait l'exemple d'un mode d'information beaucoup plus sûr.

L'opinion n'était pas moins surprise de voir l'Académie des Sciences examiner un ouvrage qui avait la prétention justifiée de traiter des questions sociales et de rendre compte de la position de la classe ouvrière, non-seulement au point de vue matériel, mais encore au point de vue moral. La forme causait en outre un profond étonnement. Il ne s'agissait plus là, en effet, d'une brillante dissertation sur l'état social de notre pays et sur les révolutions qui l'avaient ébranlé, il ne s'agissait plus d'une protestation véhémente contre les nouveautés dont les écrivains modernes s'étaient faits les propagateurs, l'auteur n'avait pas non plus assigné comme but à ses efforts le commentaire méthodique des principes sur lesquels les nations avaient assis leur stabilité;

Il n'avait pas considéré les classes les plus élevées de la société, celles sur lesquelles les historiens reportent complaisamment leurs regards ; on aurait également cherché en vain dans son ouvrage une préférence déclarée pour un des partis politiques qui se disputent le gouvernement de notre pays.

Son attention s'était exclusivement arrêtée sur les membres les plus humbles de la société, sur les ouvriers, et encore il ne les avait pas considérés en masse, à un point de vue général ; il avait pris comme base de ses patientes investigations une simple famille ouvrière, il s'était assis à son foyer, il avait raconté son histoire, il avait analysé son mode d'existence, il avait fait l'inventaire de ses vêtements, il avait établi son budget et avait ainsi créé un genre d'études ignoré jusqu'à ce jour et destiné à un puissant avenir. La monographie d'une famille ouvrière était désormais trouvée comme la base scientifique des études sociales.

Ce qui donnait de plus une grande autorité à ce livre, c'est qu'il n'était pas l'œuvre d'un jour ; il avait été élaboré pendant une période de 26 années. Sous le coup des divisions qui ruinaient la patrie, au milieu des systèmes dont les inventeurs affirmaient tous l'absolue vérité, l'auteur avait senti de bonne heure la nécessité de trouver la vérité sociale. Appelé par sa profession à entreprendre des voyages d'études à travers l'Europe, il avait vu, il avait observé et il avait donné à ses observations la forme définitive qu'elle revêtait dans les *Ouvriers européens*, celle de monographie de familles ouvrières. C'était en 1829 qu'il avait commencé son œuvre ; il l'avait continuée à travers des vicissitudes de toutes sortes.

## II.

Nous avons tenu ici à rappeler cette date, parce qu'elle marque le point de départ d'un mouvement appelé — nous en avons la ferme conviction — à exercer sur notre pays une influence profonde.

La tentative de M. Le Play ne resta pas isolée. Un an après la publication de son livre et le prix accordé par l'Académie des Sciences, la Société d'économie sociale était fondée ; elle se proposait de mettre en œuvre la méthode scientifique que l'auteur des *Ouvriers européens* avait appliquée avec une si rigoureuse précision. Par ses soins, un grand nombre de familles ouvrières furent décrites, d'après le procédé des monographies, et le succès de cette méthode s'affirmant tous les jours, la Société résolut de donner un pendant à l'œuvre personnelle de M. Le Play dans un ouvrage portant le nom d'*Ouvriers des Deux-Mondes*. Comme le titre l'indiquait, les observations n'étaient pas limitées à notre pays, ni même à l'Europe ; mais la Société faisait appel aux observateurs qui étaient en mesure d'apporter des renseignements précis sur toutes les parties du monde.

Le mouvement s'étendit, les études de la Société d'économie sociale forcèrent l'attention et, cédant à de nombreuses sollicitations, M. Le Play présenta les conclusions que lui avait indiquées l'étude des faits, dans une série d'ouvrages dont nous n'avons pas à rappeler ici les titres si connus ; le plus célèbre d'entre eux est la *Réforme sociale*, dont six éditions n'ont pas épuisé le succès.

Mais bientôt les désastreux évènements de 1870-1871 vinrent montrer aux moins éclairés la fragilité de notre prospérité éphémère et de notre grandeur apparente. L'opinion inquiète se mit à examiner l'organisation sociale dont M. Le Play avait eu le glorieux mérite de démontrer scientifiquement les vices trop ignorés. On sentit qu'il fallait d'autant plus se livrer à l'étude et à la recherche des faits sociaux, d'après un procédé rigoureux d'observation scientifique, que notre société s'éloignait actuellement des grandes traditions par la puissance desquelles elle avait trouvé autrefois la paix et la prospérité, et qu'elle ne comprenait même plus l'esprit et la raison d'être des mœurs et coutumes qui avaient été le résultat de l'expérience accumulée des siècles et que chacun suivait par la seule force de la tradition.

La diffusion des ouvrages de M. Le Play attestait la profonde sympathie que ses idées avaient trouvée dans le pays : la formation des groupes appelés les *Unions de la paix sociale*, montrait qu'il se rencontrait des hommes de bonne volonté, sentant non-seulement la nécessité de recourir à l'étude méthodique et de renoncer aux préjugés et aux idées préconçues qui nous avaient égarés, mais aussi la nécessité de les propager autour d'eux. La Société d'économie sociale, plus laborieuse, plus suivie qu'elle ne l'avait été, poursuivait le cours de ses travaux; elle ne s'écartait jamais de l'observation, afin de se tenir en garde contre les idées préconçues. Ce mouvement que nous dessinons à grands traits prenait enfin une telle importance qu'un organe périodique, la *Réforme sociale*, était créé et obtenait un succès rapide. En même temps un enseignement social était distribué par un des élèves de M. Le Play, et la tradition interrompue des voyages accomplis dans un but social était renouée.

Devant ces manifestions, devant les adhésions de plus en plus nombreuses qui de tous les côtés étaient données à l'école de la paix sociale, la Société a pensé qu'elle devait reprendre et continuer d'une manière ininterrompue la publication des *Ouvriers des Deux Mondes* dont le dernier fascicule a paru en 1875.

Ni les sujets d'étude, ni les observateurs ne manquent.

## CHAPITRE II.

### Le malaise social en Europe.

#### I.

Aucune publication ne vient à une heure plus opportune.

Le monde s'agite et s'ébranle, les nations qui, jusqu'à ce jour, avaient heureusement traversé les périodes troublées commencent à être en proie à l'antagonisme dont les régions de l'Occident avaient été seules jusqu'ici à offrir le triste spectacle. On porte la main sur les institutions à l'ombre desquelles les générations ont vécu pendant les siècles, on applaudit aux principes développés par les hommes de nouveauté et on demeure convaincu, en écoutant leurs conseils, que les nations obéissent à une loi de l'histoire qui s'appelle le progrès continu, illimité, fatal,

## II.

Arrêtons d'abord nos regards sur la Russie.

L'acte d'émancipation de 1861, promulgué sous l'influence des idées de l'Occident, a complètement modifié les rapports qui unissaient les classes élevées aux paysans ; il a détruit le servage, quoique, dans la pratique, il ne fût plus qu'une sorte d'usufruit permanent pour le paysan attaché à la terre et il a ainsi brisé d'un trait de plume une organisation séculaire. Si des bienfaits sont sortis de cette mesure, due à une initiative généreuse, mais à coup sûr imprudente, il est non moins certain qu'elle a ouvert la porte à une regrettable agitation sociale. Les troubles sanglants dont la Russie vient d'être le théâtre en sont une preuve évidente. Sans doute la noblesse russe, désertant ses foyers, allait chercher à l'étranger les idées nouvelles et se plaisait à faire parade de son incrédulité, de son scepticisme et de son adhésion aux principes nouveaux.

Mais avant 1861, seules les hautes classes se laissaient entraîner vers ces nouveautés dangereuses, leur mise en pratique n'avait pas gagné les autres couches de la société, l'antagonisme était inconnu. Aujourd'hui, il n'en est plus de même, et, sans vouloir retracer tous les événements auxquels l'émancipation des serfs a donné naissance, nous pouvons admettre que le développement du nihilisme a été singulièrement favorisé par l'ukase de 1861 et par la manière dont a été accomplie cette vaste opération. La petite noblesse s'est trouvée ruinée, elle a été détachée du sol qui ne lui fournissait plus les moyens de vivre ; désabusée, aigrie, elle a perdu tout respect pour l'autorité du czar, qu'elle vénérait autrefois comme un père ; la foi religieuse que son engouement pour notre philosophie du XVIII<sup>e</sup> siècle lui avait enlevée ne l'a plus soutenue ; se jetant alors dans les folles et sanglantes rêveries du nihilisme, elle a conçu le désir désespéré de tout détruire pour refaire ensuite une société meilleure.

« C'est par la tête que pourrit le poisson », dit un vieux proverbe des pêcheurs de la mer d'Azof. Heureusement, pour résister à cette redoutable agitation qui part des classes lettrées, la

Russie s'appuie sur deux bases très fortes : une organisation puissante de la famille dans le peuple, une organisation non moins solide de la commune.

Le père de famille gouverne encore avec autorité son foyer domestique ; il ne règne pas sur des enfants plus préoccupés de leurs droits que de leurs devoirs, disposés à se soustraire à son influence et regardant l'exercice de l'autorité paternelle comme une entrave à leur liberté illimitée.

La commune russe de son côté jouit d'une autonomie absolue ; elle se gouverne elle-même, sans avoir à rendre compte de ses actes à une bureaucratie tracassière.

Le paysan russe est ainsi préservé de l'isolement ; dirigeant lui-même ses intérêts, il est porté à se défier des théories et contracte des habitudes de *self-government* qui le mettent en garde contre le langage fallacieux des déclamateurs. Grâce à ces deux éléments, la Russie a donc pu traverser des crises dans lesquelles un autre État aurait succombé.

Que la Russie toutefois ne s'endorme pas dans une confiance trompeuse ! Les plaies sociales sont les plus difficiles à guérir et ce n'est pas de nos jours qu'une agitation reste confinée dans quelques classes ; elle gagne peu à peu la masse du pays.

### III

En Allemagne, nous assistons à des discussions retentissantes au sein du Reichstag. Le ministre puissant d'un souverain respecté, l'homme qui a donné à son pays une grandeur jusque-là inconnue et a fait trembler devant lui les puissances étrangères, sort ébranlé de ces discussions et ne rallie pas à son opinion une majorité difficile à convaincre. Des grandes villes s'élèvent des voix bruyantes, des cris de colère, des attaques passionnées contre l'ordre social et, en parcourant les campagnes, nous verrions également s'ébranler les principes sur lesquels avaient été basés les rapports entre les propriétaires et les paysans.

Quelle est donc la cause de cette agitation dans un pays, parvenu en apparence au sommet de la prospérité ? C'est une question sociale.

Le socialisme étend ses conquêtes et toutes les élections révèlent un terrain nouveau sur lequel il a planté son drapeau. Agglomérés dans des grands centres où le sol ne leur fournit plus aucun moyen de subsistance, les ouvriers sont réduits à n'avoir d'autre ressource que celle qui leur est fournie par le salaire payé, non en raison de leurs besoins, mais de leur travail ; que les patrons ne remplissent plus leurs devoirs et ne se soucient plus de venir en aide aux ouvriers, les maux les plus cruels se déchaînent au milieu de populations qui ne possèdent aucun moyen d'échapper par elles-mêmes à ces crises douloureuses.

Au Reichstag, on étudie des projets de loi présentés par le gouvernement pour remédier aux vices d'une organisation sociale dont les lacunes n'ont pas échappé à son œil éclairé, et celui-ci considère l'adoption de ces projets comme une œuvre urgente ; il est convaincu que le mal ne se guérira pas uniquement par des mesures compressives, mais qu'il appelle des remèdes plus efficaces, capables de faire disparaître les causes du mal.

Il demande donc aujourd'hui la constitution d'une caisse d'assurance obligatoire pour les exploitations accompagnées d'un danger. Les primes à payer pour constituer l'assurance seraient fournies dans une certaine proportion par les ouvriers eux-mêmes, et, pour le reste, par les chefs d'industries. Si cependant l'ouvrier reçoit un salaire trop faible et s'élevant à moins de 1,000 fr. environ par an, il sera exempté de contribuer à la prime et l'État interviendra pour la payer à sa place. L'assurance — nous rapportons ici les dispositions du projet primitif, — l'assurance sera aux mains de l'État qui la gérera comme une nouvelle branche d'administration.

Le second des projets de loi mis en délibération rétablit dans une certaine mesure les corporations. La disposition principale du projet consiste à donner aux corporations une existence légale ; elles seraient considérées dans les villes où elles auraient leur siége comme les représentants du métier entier, c'est-à-dire de ceux mêmes des maîtres et artisans qui ne seront pas entrés dans la corporation.

Nous ne nous proposons pas d'apprécier ici ces projets de loi, ni de raconter les longs débats qu'ils ont provoqués dans le pays comme dans le Parlement, nous constatons seulement l'agitation sociale à laquelle l'Allemagne est en proie. La présentation de ces projets en est une révélation éclatante ; le gouvernement qui les propose reconnaît par cela même que la situation actuelle a créé un intolérable malaise, que l'ouvrier livré à l'isolement se défend mal contre les difficultés de la vie et que les patrons négligent de remplir leur rôle. Cependant l'Allemagne renferme encore des types nombreux de population au milieu desquels se sont conservées les traditions des peuples prospères !

## IV

Si nous franchissons les frontières qui séparent l'Allemagne de l'Autriche-Hongrie, nous assistons également au dangereux développement d'une question sociale. Ce n'est pas dans les villes peut-être que le mal se manifeste sous les symptômes les plus dangereux ; elles n'ont certes pas échappé au mal, les rapports entre les patrons et les ouvriers y ayant subi une profonde altération, depuis que les anciennes corporations ont été brisées. Car cette destruction a réduit le plus souvent l'ouvrier à ne compter sur d'autre secours que sur celui de l'assistance publique [1]. Mais dans les campagnes, les anciens propriétaires, infidèles à leurs devoirs, abandonnent leur résidence rurale pour se précipiter vers les villes ; ils dépensent dans un luxe stérile le revenu de leurs terres et confient le soin de les gérer à des intendants qui, n'apportant plus les mêmes sentiments dans leurs relations avec les tenanciers, ne songent pas à étendre sur eux une main bienveillante ; leur unique préoccupation est de présenter au propriétaire un accroissement de revenu.

Tandis que les hautes classes s'écartent de la voie où elles ont trouvé la grandeur et oublient de justifier leurs rangs par leurs services, la petite propriété est également atteinte d'une manière non moins grave. Les paysans tombent sous la main des usuriers

[1] Voir la monographie du compagnon menuisier de Vienne. *Ouvriers européens. T. V.*

qui, les dépouillant peu à peu, ne leur laissent plus que les charges d'une propriété apparente, et comme ces usuriers appartiennent à une classe redoutée, celle des Juifs, il se prépare par cette lente invasion de la race sémitique un avenir d'agitations sociales dans lesquelles les anciens possesseurs dépouillés ne reculeront devant aucun excès pour se venger de la perte progressive de leur influence.

V.

L'Angleterre a jusqu'à ce jour échappé aux révolutions; elle a eu l'art de les conjurer par son habileté à opérer des réformes en temps opportun. Chez elle, la loi écrite n'a pas eu la prétention d'opprimer la coutume et d'imposer aux pères de famille des règles inflexibles auxquelles ils fussent tenus de se conformer. La transmission intégrale a maintenu intacte la classe des propriétaires terriens et comme les autorités naturelles sont demeurées debout, il ne s'est pas formé une classe d'hommes de lois se substituant aux pères et poussant à la dispersion des patrimoines. Le fléau du politicien n'a également pas atteint l'Angleterre où les « gentlemen » sont restés maîtres des campagnes, par leur intelligence et leur dévouement à la chose publique. Mais la vieille constitution britannique s'apprête à recevoir de rudes assauts; elle aussi subit l'influence du temps, et si ses racines séculaires plongent encore dans le sol à une grande profondeur, ses rameaux commencent à se couvrir d'une végétation parasite qui la condamnera à dépérir.

C'est en Angleterre, en effet, qu'a pris naissance cette doctrine économique dont l'application dans les ateliers de travail a modifié si profondément toutes les traditions; c'est là qu'une école nombreuse a assimilé le travail humain à une marchandise et a déclaré qu'il devait être régi par la loi de l'offre et de la demande; c'est là peut-être que les résultats de cette théorie *a priori* se sont fait le plus rapidement sentir; c'est de là qu'ils se sont répandus sur tout le continent.

Des patrons, dociles à cette nouveauté, se sont crus quittes de toute obligation à l'égard de leurs ouvriers lorsqu'ils leur ont payé leur salaire. Quand ils en avaient besoin, ils leur offraient une rémunération suffisante, mais ce moment passé, ils les renvoyaient sans scrupules. Ils ont également poussé jusqu'à ses dernières limites le principe de la division du travail et bien souvent un ouvrier a été congédié par son patron, parce qu'il avait joint à son travail une industrie domestique. Aussi les temps de chômage amenaient-ils de cruelles souffrances parmi ces populations laissées à elles-mêmes et rendues incapables par l'application exagérée de la division du travail de se livrer à aucune autre occupation, et ces souffrances se traduisaient par une agitation sociale dont les conséquences pesaient sur tout le pays.

L'Angleterre se trouve en outre aux prises avec un problème dont, depuis deux siècles, elle a été incapable de trouver la solution : tous les partis ont essayé d'apporter un remède aux maux qui soulèvent l'Irlande et tous ont manifesté la même impuissance, tous ont subi le même échec. Ils ont commencé par des transactions, ils ont fini par des mesures compressives. Victime d'une organisation sociale déplorable, victime d'un absentéisme qui supprime toute affection entre le landlord et le fermier, le peuple irlandais est resté sourd à leurs appels. La plaie demeure toujours béante.

Enfin — et c'est là un des plus tristes symptômes d'une crise sociale — il tend à se constituer en Angleterre une classe de lettrés qui, au nom du progrès, battent en brèche les traditions jusqu'à ce jour respectées, au nom de la science, nient les idées religieuses et prétendent substituer à l'antique constitution, fruit de l'expérience, un ordre nouveau établi d'après des principes abstraits.

## VI.

Est-il nécessaire de démontrer l'importance qu'ont prises en France les questions sociales ? Faut-il que nous rappelions tous les faits qui dénotent le malaise social et la nécessité urgente d'y porter remède ?

Le respect de l'autorité paternelle s'amoindrit, la propriété s'émiette et les petits propriétaires fléchissent sous le poids des mesures fiscales qui atteignent leur patrimoine.

Loin de prendre un vigoureux essor, notre population manifeste une grave tendance à diminuer ; le dernier recensement accuse la dépopulation de nos départements agricoles ; et un des tristes maux d'une race en décadence, la disparition de la fécondité, se montre dans plusieurs régions qui, autrefois, comptaient parmi les plus prospères et les plus fécondes. Noyée maintenant au milieu de grands empires qui s'emparent de tous les points du globe encore ouverts à l'activité humaine, la France n'étend plus ses conquêtes ; elle se resserre sur un petit territoire.

Nous avons signalé en Autriche-Hongrie les maux qu'avait produit dans les campagnes l'absentéisme des grands propriétaires ; nous retrouvons parmi nous le même mal. En Angleterre nous avons rappelé la funeste et trop fréquente rupture des liens qui maintenaient la paix sociale dans le monde du travail. Ces liens sont aujourd'hui brisés en France ; patrons et ouvriers forment deux armées ennemies, toujours prêtes à se déclarer la guerre et entre lesquelles il ne se signe plus que des trêves boiteuses et mal assises.

Nous avons indiqué en Allemagne les progrès qu'avaient faits les doctrines du socialisme au milieu des villes et des centres ouvriers ; en France, nos agglomérations urbaines dans lesquelles les ouvriers forment la majorité sont gagnées aux idées soutenues par les lettrés radicaux.

En même temps, éblouie par l'éclat factice de la prospérité matérielle, notre société se persuade que la richesse est le seul bien, le premier signe du bonheur, et, dans cette poursuite effrénée du gain, elle ne retrouve ni la prospérité réelle, ni la paix.

Aussi l'antagonisme social ravage-t-il la France à l'état permanent, l'antagonisme existant non pas entre les partis politiques, non pas entre les gouvernements de diverses catégories qui luttent pour le pouvoir, mais l'antagonisme descendu jusqu'au fond de la Société, descendu jusque dans l'atelier, descendu jusque dans la famille, altérant l'obéissance des enfants pour leurs parents, la soumission des ouvriers envers les patrons et les égards des patrons envers les ouvriers, en un mot l'antagonisme existant dans tous les rapports que les hommes ont entre eux à l'état de société. Voilà le grand mal de notre pays et si nous y joignons l'instabilité des hommes et des choses qui s'accuse trop évidemment pour que nous ayons besoin de la démontrer, nous aurons signalé les plaies sociales qu'il est urgent de fermer.

## VII

Ainsi les faits sont étudiés dans notre pays surtout et dans l'Occident de l'Europe en général, sous la pression de souffrances réelles, sous l'empire des solutions imparfaites données aux questions sociales, et dans ces études on voit se produire des attaques violentes contre les institutions qui existaient avant nous. Or, ces attaques se produisent particulièrement au nom de la science, au nom du pouvoir que peut développer l'esprit humain, lorsque marchant dans la voie qu'il a su s'enseigner à lui-même, il cherche la vérité. Les méthodes scientifiques inspirent une confiance aveugle à un très grand nombre d'esprits et, en proie à une sorte d'enivrement, la plus grande partie des hommes de notre siècle sont portés à croire que la science peut tout apprendre et qu'il n'y a aucune vérité au monde qui ne doive émaner d'elle et passer par son creuset. Cette préoccupation s'affirme chaque jour dans les discours même de nos hommes publics ; les candidats recherchent les suffrages des électeurs, en se représentant dans leurs circulaires comme les partisans dévoués d'une politique scientifique.

La science sociale donne satisfaction au besoin d'application de la méthode scientifique et cela sur un point où cette méthode est en état de s'appliquer réellement. Car elle a montré que les faits sociaux sont des faits observables, comme les faits de la physique, comme les faits de la physiologie, comme les faits de la chimie ; mais comme ces faits sociaux présentent leurs difficultés particulières, ils nécessitent à plus forte raison une méthode bien adaptée de recherches spéciales et directes.

Cette méthode bien adaptée, ce n'est pas la mise en œuvre pure et simple de la statistique, ce n'est pas l'observation des faits dirigée au hasard, c'est l'enquête directe pratiquée avec une grande vigueur, non pas dans un cabinet, non pas dans une bibliothèque, non pas au milieu des livres d'une grande Compagnie ou d'un grand État, mais appliquée sur le premier objet de la science sociale, sur les hommes eux-mêmes groupés en familles et en nations.

Ce mode d'observation scientifique, s'appelle la monographie.

## CHAPITRE III.

### L'Unité sociale.

#### I.

La monographie est le point de départ, la base de la science sociale; c'est d'après les monographies qu'elle a formulé ses lois.

Nous avons souvent entendu, devant des monographies, une objection se présenter en ces termes : Que prouve l'observation d'une famille? Quelles conclusions est-il possible de tirer des faits qui ont été recueillis sur un terrain aussi étroit? Pourquoi borner ses études à la description d'une seule famille? Les phénomènes sociaux qu'elle accuse ne sont-ils pas le résultat de ses habitudes particulières, de son caractère original? Comment cet ensemble aussi complexe qui s'appelle une société peut-il être saisi après une enquête aussi restreinte?

D'une autre part, lorsque la science sociale a présenté ses conclusions, c'est-à-dire généralisé les faits qu'elle avait constatés, une objection tout autre a été soulevée. On a laissé de côté les observations très longues auxquelles elle s'était livrée, et on a traité les vérités auxquelles une longue étude avait amené l'auteur des *Ouvriers européens* et ses élèves, comme une doctrine et un système empruntés à peu près, pour une part égale, aux principes religieux et aux principes traditionnels que respectaient autrefois nos pères. Alors, quelques esprits se sont dit : Sur quelles bases reposent vos affirmations? Comment est-il prouvé par exemple que le patronage maintienne la paix sociale? Par quelle démonstration scientifique vous convaincrez-nous que le régime du partage forcé porte une grave atteinte à la force des familles et par suite à la prospérité d'une race ? Vous défendez un système, et rien de plus.

L'étude attentive de la monographie, des faits qu'elle révèle et de l'unité sociale sur laquelle l'observateur a concentré son attention répond à ces objections.

## II.

Les personnes qui ont appuyé leurs théories sur les statistiques ont pris constamment pour base l'individu. Or, l'observation des faits sociaux démontre que l'unité sociale n'est pas du tout l'individu. L'individu qui compte dans une statistique peut être un enfant qui vient de naître, comme un vieillard sur le point de mourir. Dans la société, dans le développement des forces sociales, il est bien clair que ces individualités-là ne comptent pas également.

Il ne se rencontre pas en outre un état social dans lequel l'homme vive seul, sans le secours d'une autre force que la sienne. L'individu lui-même, c'est la négation de la société, c'est la société dissoute. Car pour être homme, pour devenir humain, si nous pouvons nous exprimer ainsi, l'homme exige certaines fonctions remplies auprès de lui par d'autres volontés que la sienne propre. Jeune, il a besoin qu'une affection prévoyante vienne écarter de lui les dangers que dans sa faiblesse il serait impuissant à surmonter ; sans le concours d'une intelligence placée au-dessus de la sienne, il ne saurait comment se procurer, à un âge plus avancé, les moyens d'existence. Lorsqu'il est arrivé aux derniers jours de la vie, il retombe dans un état voisin de l'enfance ; ses forces diminuent, ses facultés s'affaiblissent et là encore s'il ne devait compter que sur lui-même, il succomberait sous le poids de maux plus forts que sa volonté.

Ce qui constitue l'élément social, c'est donc la famille, c'est elle qui commence la formation de l'homme, dès l'instant où il vient au monde, c'est elle qui commence le moment où l'homme s'associe à un autre être de son espèce. Avant de s'associer à des hommes comme lui, il commence par s'unir à une compagne avec laquelle il se prépare à entreprendre une des plus grandes missions que l'homme puisse recevoir ici-bas : celle de donner le jour matériellement à un nouvel être et de donner le jour moralement à une nouvelle âme, de la former pour la vie du monde, de la former pour perpétuer ce qu'il y a de bon dans sa race, et pour éviter ce qu'il y a de mauvais.

Un philosophe du XVIIIᵉ siècle a pû imaginer une ingénieuse fiction pour expliquer la formation de l'intellect humain, celle d'une statue qui s'animerait peu à peu ; mais nous aurons beau examiner toute l'histoire, fouiller les parties les plus reculées de l'univers, nous ne parviendrons pas à trouver un état social dans lequel l'homme soit réduit à ne compter sur aucun autre concours. Les traditions religieuses nous enseignent que Dieu créa la famille, et lorsque quelques savants modernes, tirant parti de faits dont ils dénaturaient la portée, ont voulu contester la véracité des traditions, ils ont attaqué l'origine de l'espèce humaine, mais non la forme primitive sous laquelle elle parut sur terre.

Cette forme, cette cellule primitive de toute organisation sociale, c'est la famille. Cela est prouvé. Aucun fait ne détruit cette vérité. L'observation n'a pas tardé, de plus, à nous apprendre que les familles, en s'organisant de telle ou telle manière, ont une puissance sociale toute différente.

En effet, dans le cœur de cette famille où existent deux êtres sociaux, c'est-à-dire capables de figurer dans la société, il va naître un nouvel individu, plusieurs même qui arrivent au monde avec tout ce que leurs parents ont dû corriger en eux-mêmes pour prendre place dans le monde ; ils seront doués de l'instinct du bien, mais ils seront doués de l'instinct du mal, et, dans le jeune âge surtout, les appétits physiques se révèlent plus violents que la volonté. Si on les laissait se développer, ils pousseraient au développement des passions qui finiraient par dominer la volonté et la vicier dans ses effets.

Aussi, en observant l'individualité humaine lors de son apparition dans la famille, il est permis de la comparer à un jeune sauvage qu'on serait allé recueillir dans un pays désert et qui aurait été transporté dans une famille déjà constituée, pour que celle-ci en prit soin. L'enfant apporte en naissant les instincts de sauvagerie, les instincts primitifs de la nature humaine qui différencient l'homme non élevé de celui qui l'est, de sorte qu'il incombe à la famille une mission extrêmement difficile, c'est de provoquer peu à peu dans cette nature plus ou moins portée au mal, mais toujours atteinte par quelque point du vice originel, commun à toute l'humanité, une transformation nécessaire ; c'est de développer dans cette nature les bons instincts et de comprimer les mauvais ; c'est de former par conséquent des êtres utiles.

Comme tous les faits observés l'ont démontré, deux choses sont nécessaires pour former des hommes ; il faut songer aux idées qu'on met dans leur tête et aux pratiques dont on leur fait contracter l'habitude. Car la paix n'existe que lorsque, entre les individus qui doivent vivre ensemble, il existe une communauté d'idées, c'est-à-dire lorsque des rapports habituels sont écartées les discussions sur les idées fondamentales, et lorsque d'un autre côté, il y a communauté de pratiques, c'est-à-dire lorsque chacun comprend bien d'après ce que fait un autre individu quelle intention l'anime, quelle raison le conduit, parce qu'à sa place il aurait agi de même ; lorsque tous les membres de la société s'inspirent du même esprit.

En outre, la famille ne peut être une abstraction ; elle ne vit pas en l'air, il faut qu'elle repose dans un foyer domestique, qu'elle soit attachée d'une manière quelconque au sol sur lequel s'écoule son existence. Il faut enfin non-seulement qu'elle élève les enfants, mais encore qu'elle fasse travailler les adultes et qu'elle travaille elle-même pour gagner le pain quotidien.

## III

En choisissant la famille comme point de départ de ses observations et en concluant ensuite du particulier au général, la science sociale n'a pas suivi une méthode arbitraire ; elle a imité le procédé qui a été suivi dans les sciences naturelles et qui a conduit à de si belles découvertes. Les savants n'ont pas décrit tous les êtres qui se rencontrent sur la terre, mais après une longue expérimentation, ils se sont attachés à quelques types dont ils ont minutieusement dépeint les caractères ; puis, lorsqu'ils ont rencontré un autre être offrant quelques traits de ressemblance avec celui qu'ils avaient déjà observé, ils ont conclu qu'ils se rattachaient à la catégorie décrite en premier lieu. En un mot, ils ont employé l'induction que Bacon préconisait avec tant de profondeur dans son *Novum organum* comme la méthode qui, dans les sciences d'observation, mène à la vérité.

Aussi, dans cet ordre de découvertes, les savants ne partent plus de principes dont ils ont dans l'esprit la conception idéale, mais de faits observés. Nous ne les voyons plus se livrer à de grandes dissertations, comme celles qui les occupaient autrefois, alors qu'ils discutaient sans cesse la composition des éléments ; mais les faits particuliers nettement définis et qu'une observation scrupuleuse peut faire connaître, attirent exclusivement leur attention. Les faits naturels ne se devinent pas ; il faut les constater ; d'autre part, lorsqu'on les ignore, l'esprit qui travaille sur ses propres idées a mille erreurs à imaginer, tandis qu'il n'y a qu'une vérité à découvrir.

Guidée par la même méthode, la science sociale n'est pas parvenue à des résultats moins féconds que les sciences naturelles. En décrivant un grand nombre de types, elle arrive à se rendre compte de la condition sociale des êtres qu'elle n'a pas observés par elle-même, mais qui présentent les mêmes traits extérieurs que les familles connues et étudiées. Aussi, lorsque les observateurs ont porté leur attention sur des familles dont la monographie n'avait pas encore été dressée, ils les ont retrouvées soumises à un mode d'existence identique et pratiquant des coutumes analogues à celles qui avaient été placées dans une situation semblable et déjà connue.

C'est donc en vain qu'on accuse la science sociale de concentrer son attention sur un terrain trop étroit. C'est en vain que l'on fait remarquer le contraste de ses conclusions avec son point de départ. Autant il vaudrait reprocher aux sciences naturelles de baser la définition d'une espèce sur la description d'individus, autant reprocher à la chimie de tirer ses grandes lois d'analyses

chimiques, c'est-à-dire de faits qui en apparence se prêtent peu
à de vastes conclusions [1].

## CHAPITRE IV.

### La Monographie et la Constitution de société.

Qui connaît la famille, connaît la société. Qui rédige une monographie choisit le chemin le plus sûr pour posséder une organisation sociale dans toute sa vérité.

L'homme a besoin en effet que certaines fonctions soient remplies auprès de lui par une autre force que la sienne, c'est-à-dire
par la famille ; mais si celle-ci, pour une cause ou pour une autre
est impuissante à s'acquitter de ces fonctions, il faut qu'un
autre organisme, d'autres institutions sociales se chargent de
cette tâche ou qu'elle ne soit plus remplie.

Dans le premier cas nous constatons l'intervention d'un pouvoir étranger, dans le second nous rencontrons un état caracté-
risé de souffrance. La famille s'étant retirée peu à peu, nous dé-
couvrons alors les terrains dont elle n'est plus capable de garder
la possession. Nous nous trouvons en présence des institutions
qui viennent occuper une place vide, nous saisissons leurs rapports avec la famille, c'est-à-dire nous jugeons toute la société.

[1] M. A. Delaire, vice-président de la *Société d'Economie sociale* et secrétaire
de la Société de géologie, a très bien mis en relief dans un article sur l'*Observation dans les Sciences sociales — Revue des Deux Mondes* du 1er juillet 1877 —
cette condition nécessaire du progrès des sciences. « Longtemps, la géologie,
par exemple est restée flottante entre les systèmes des philosophes et les fictions
des poètes: les premiers travaux qui lui ont donné une solide assiette n'avaient
pas pour but la solution d'une question générale et se bornaient à analyser
de près, dans une localité restreinte, un petit nombre de faits bien délimités.
C'est ainsi que par de modestes observations un potier de génie, Bernard Pa-
lissy, a pu devancer les savants et faire entrevoir dans ses *Discours admi-
rables*, les lois qui régissent la formation des terrains rudimentaires et la
circulation des eaux souterraines. De même la féconde conception des substitu-
tions qui a ouvert de si larges horizons à la chimie organique a été suggérée
à M. Dumas par l'examen minutieux des réactions du chlore sur les carbones
d'hydrogène. Encore aujourd'hui le domaine de nos connaissances fort élar-
gi, s'agrandit plutôt par de patientes analyses de détails que par de brillantes
études d'ensemble. La science sociale n'aura pas un sort différent, elle ne
s'avancera d'un pas sûr dans la voie du progrès que si elle s'accoutume à imi-
ter la marche prudente des sciences qui l'ont précédée. »

Etudions par exemple une famille habitant un pays dont le sol lui fournit en abondance les productions nécessaires à sa subsistance, sans qu'elle ait besoin de se livrer à un travail énergique ; elle erre en toute liberté sur un territoire qui n'est pas considéré comme la propriété personnelle d'une famille, mais comme appartenant à tous, et seules les ressources d'un pâturage, l'abondance ou la disette de l'herbe qu'il fournit déterminent la durée du séjour de la famille sur un même endroit. La monographie de la famille nous montre comme conséquence de cette organisation du travail le père conservant une autorité prépondérante sur les siens qu'aucune nécessité n'oblige à l'abandonner. Il est libre de donner à ses enfants l'éducation qu'il lui plaît, il ne s'adresse pas à une autre institution, à un autre organisme social pour être en mesure de se défendre contre les difficultés qui viennent assaillir tout homme dans le cours de son existence. Seul il est le maître du foyer, seul il est l'instituteur de ses enfants, seul il gouverne sa famille selon la coutume et les mœurs.

La monographie ne nous fait donc pas seulement apercevoir la famille sur laquelle se sont concentrés les regards de l'observateur, mais elle nous révèle immédiatement, et par le seul fait de l'étude à laquelle nous nous sommes livrés, l'organisation sociale au milieu de laquelle la famille avait pris position ; s'acquittant de toutes les fonctions que réclame l'individu, celle-ci ne laisse place à aucune intervention d'un pouvoir supérieur.

Si maintenant nous nous proposons de décrire un ouvrier employé dans l'atelier d'une ville populeuse ou dans une grande industrie, nous voyons la famille complètement séparée du sol : elle habite un appartement dans lequel l'air lui est savamment ménagé. Elle en paie le loyer à un propriétaire auquel ne l'attache aucun lien d'affection et qui ne voit en ses locataires qu'une source de revenu ; une triste nécessité l'oblige-t-elle à suspendre le paiement de son loyer, trop souvent elle est condamnée à une expulsion immédiate. Tandis que le chef de la famille gagne son salaire par un labeur quotidien qui presque toujours l'appelle en dehors de son foyer, sa femme, dans bien des cas, travaille, elle aussi, loin du domicile où les époux se réunissent seulement le soir. Gagnant une somme à peine suffisante pour parer aux dépenses quotidiennes de tous les siens, le mari se trouve sans ressources, si un malheur imprévu vient tarir la source de ses recettes. Parvenu à la vieillesse, il est également réduit à un état de misère, car ses bras épuisés lui refusent tout secours. Quant à ses enfants, comment pourvoirait-il à leur sort? Comment s'occuperait-il avec assiduité de leur instruction? Le travail lui prend toutes ses journées, l'absorbe depuis le matin jusqu'au soir, et lorsqu'il regagne après une journée de fatigues son foyer, il est immédiatement sollicité par un impérieux besoin de repos.

Voilà le spectacle que nous donne la monographie d'un ouvrier d'une de nos grandes cités de l'Occident. Nous n'avons pas choisi un type isolé, répondant à un cas exceptionnel, il se rencontre autour de nous en grande quantité; l'ouvrier urbain est condamné à ce mode d'existence.

Nous ne nous sommes arrêtés que sur une seule famille, une famille bien pauvre et bien obscure, mais dans cette famille se sont incarnés les faits généraux qui nous donnent l'explication de tout l'état social. Nous avons compris immédiatement que la famille était impuissante à s'acquitter d'une partie de ses fonctions; nous nous sommes convaincus que, pour suppléer à son action restreinte, il était nécessaire qu'un pouvoir supérieur se manifestât et vînt au secours de l'ouvrier incapable de s'assurer l'avenir, lui fournît les moyens de supporter le poids de maux dont malgré son labeur et sa prévoyance il ne pouvait conjurer les désastreuses conséquences. Pour appeler les institutions par leur véritable nom, la grandeur du rôle qui revenait au patronage s'est manifestée à nos yeux, en même temps que le vaste champ sur lequel étaient en mesure de s'exercer le pouvoir de l'État chargé de maintenir la paix publique et l'influence du clergé qui supplée aux défaillances de l'autorité paternelle.

Le père est occupé à l'atelier, la mère de son côté est absorbée par une occupation qui fournit au ménage un supplément précieux de recettes, il en résulte que la famille ne donnera pas elle-même à ses enfants l'instruction, et dans un pays, témoin de fréquentes révolutions, où les partis se disputent avec ardeur la souveraineté, il est naturel de concevoir que chacun d'eux cherchera dans l'instruction donnée en son nom le moyen de s'emparer de l'esprit des jeunes générations, et rêvera de les façonner selon ses préférences, ses croyances ou ses négations. La famille s'est retirée du terrain de l'instruction, et ce terrain demeuré vacant, des compétiteurs passionnés se présentent pour s'en emparer.

La question de l'enseignement, avec toutes ses conséquences, avec toutes les luttes qu'elle soulève, s'offre donc aussitôt à nos regards; elle ressort directement de la monographie de la famille. L'étude de cette famille nous a également mis sous les yeux la nécessité d'institutions destinées à protéger l'homme contre la défaillance de sa condition, et cependant nous ne sommes pas sortis de notre cadre, nous n'avons pas quitté l'humble foyer auquel nous nous sommes assis. Nous n'avons pas cessé de converser avec la famille dont nous avons entrepris la description méthodique. En nous renfermant par conséquent dans cette enquête, nous avons aperçu ces vérités générales qu'on reprochait à la méthode de laisser de côté.

Nous sommes ainsi autorisés à conclure : la monographie n'isole pas l'observateur, elle ne détourne pas son attention des faits sociaux sur lesquels il importe de se porter, mais elle leur montre au contraire dans la famille le point central d'un État, le groupe qui donne le plus sûrement la connaissance des institutions dont elle est à la fois la base et le reflet.

## CHAPITRE V

### Le cadre de la Monographie.

### I.

Après que l'expérience a eu montré que la famille formait la première unité sociale, il a fallu ensuite rechercher quelles familles il convenait de décrire et quelles formes précises il était nécessaire de donner à cette description.

La science devait-elle soumettre à cette enquête directe les membres des classes qui trouvent par eux-mêmes et sans efforts leurs moyens d'existence, ou au contraire, son attention se porterait-elle sur cette catégorie immense qui s'appelle les ouvriers et qui, dans tout pays, forme la majorité sinon la presque totalité de la population ?

Nous l'avons exposé ailleurs avec quelques détails[1], il a été facile de reconnaître que cette dernière classe méritait d'être prise comme point de départ des observations sociales. Les ouvriers forment en effet la masse la plus nombreuse, et en même temps, celle dont l'existence est la plus précaire. Par conséquent, ils jouent un rôle important dans la société, et si les institutions ne sont pas combinées de telle sorte qu'elles assurent l'existence de cette masse et la défendent contre des difficultés de la vie, la société est en proie à des agitations qui la ramènent à l'étude de cette grave question.

Par cela seul que l'existence des ouvriers ne peut être garantie que par l'intervention d'institutions ou d'une autorité supérieure, l'étude des ouvriers nous fournit un moyen sûr pour surprendre partout l'action de la classe à laquelle appartient ce rôle tutélaire ; ils sont ainsi le lien de jonction entre ceux qui protègent et ceux qui sont protégés. Nous jugeons par eux si les patrons remplissent leur devoir, s'ils créent des conditions de sécurité et de bien-être pour un nombre considérable de leurs semblables, soumis à leur influence. Car les individualités énergiques, capables de s'élever par elles-mêmes et de parvenir à une brillante position, ne se rencontrent dans toute société qu'à l'état d'exception.

Les ouvriers se recommandaient encore par un troisième trait à l'attention de la science, c'est que dans toute contrée, il n'y a pas de classe qui soit plus profondément soumise aux diverses institutions sociales que la classe ouvrière. Ils n'ont aucun moyen de se soustraire au milieu dans lequel ils sont appelés à vivre ; ils sont forcés de consommer les produits du sol ; ils n'ont pas à leur disposition les facilités qui permettent aux classes supérieures de se donner une certaine indépendance et des allures personnelles ; leurs ressources restreintes les obligent à faire tous de la même manière.

[1] Voir notre brochure *Quelques mots sur la méthode d'observation dans la science sociale.*

Par conséquent, en observant l'ouvrier, on n'a pas seulement l'avantage d'étudier un type qui, étant excessivement nombreux, constitue une des grandes masses de la société, mais on a cet avantage encore d'étudier un type qui, ayant une très grande uniformité, permet mieux de constater des faits généraux. Or, ce sont ces faits généraux ont les sciences se nourrissent essentiellement et dont elles tirent les lois ou les hypothèses probables.

II.

Toutefois la science sociale n'avait accompli que la moitié de sa tâche. Il ne suffit pas de montrer que la famille de l'ouvrier s'impose tout d'abord à l'étude, il faut encore déterminer la forme dans laquelle se recueillent et se résument les observations ; et cette forme doit être telle qu'elle enchaîne l'observateur, qu'elle empêche son esprit de s'égarer ou de travestir les faits qu'il a constatés, qu'elle présente en outre un moyen efficace de contrôle pour redresser avec une quasi infaillibilité les erreurs auxquelles il se serait laissé entraîner. L'habitude de se guider par les préjugés et de tirer du raisonnement pur les principes sociaux a tellement prédominé parmi nous que beaucoup d'hommes se plient difficilement à cette nécessité rigoureuse de l'observation scientifique ; ils envisagent à la légère les faits ou tirent des conclusions inexactes de ceux qu'ils ont décrits.

Cette forme scientifique a été trouvée, elle satisfait aux exigences les plus impérieuses de la science. Aucun phénomène social n'échappe à l'attention du monographe, et lorsqu'il a rempli les divers chapitres dont se compose une monographie, il a passé au crible d'une critique impitoyable l'existence matérielle et morale de cette famille ; il connaît et ses moyens d'existence et les dépenses auxquelles s'appliquent ses recettes et son histoire, de même que les faits qu'il a rencontrés lui permettent de deviner l'avenir des êtres dont aucun trait ne lui a échappé. Le budget fournit les moyens de contrôle dont nous signalions la nécessité plus haut, car la fantaisie ne peut s'introduire dans le budget des dépenses d'une famille d'ouvrier; puisque les dépenses sont réglées par les ressources dont elle dispose, il ne leur est pas permis de s'écarter d'une certaine moyenne. Enfin l'observateur saisit le milieu où se trouve la famille, les influences générales qu'elle subit, la part qu'elle prend à la vie publique, de sorte qu'il voit du foyer domestique toute la société, et il la voit se plaçant sur la base fixe et sévère du budget des recettes et des dépenses.

Un trait encore atteste le caractère profondément scientifique de la monographie.

Le cadre a été établi avec une rigueur telle qu'il permet de comparer les résultats recueillis sur les différents types, à quelque contrée qu'ils appartiennent, quelque soit leur mode d'existence. Le sauvage de l'Amérique, le pasteur des steppes de l'Asie centrale comme l'ouvrier de nos grandes cités de l'Occident ou le paysan agriculteur de nos campagnes sont étudiés avec la même facilité.

La monographie résume les traits essentiels comme les détails de toute existence humaine.

## CHAPITRE VI.

### Les Monographies des Ouvriers des Deux Mondes.

### I.

Nous n'avons pour nous convaincre des résultats obtenus par la méthode des monographies qu'à parcourir les volumes des *Ouvriers des Deux Mondes*, qu'à étudier les types décrits aussi bien en France qu'à l'étranger dans cette intéressante collection.

La famille, comme nous l'avons établi plus haut, ne se présente pas partout avec la même valeur sociale ; elle emprunte sa force aux coutumes qu'elle suit pour assurer la transmission du foyer domestique aux enfants, à l'organisation du travail dont dépend son existence matérielle, aux principes religieux et moraux d'après lesquels elle règle l'éducation de la jeunesse, aux influences que lui font subir les institutions du pays. En étudiant avec un soin minutieux les constitutions sociales des peuples, la science sociale a dégagé une loi qui jusqu'alors n'avait pas été proclamée : les familles de toutes les races se ramènent à trois types principaux, si connus maintenant, la famille patriarcale, la famille instable et se plaçant entre les deux, la famille souche.

Les monographies nous les font apparaître vivantes ; en les lisant, nous saisissons l'organisation sociale qu'elles supposent.

Prenons, par exemple, le type qui s'éloigne le plus de notre état social, la famille patriarcale. Le *Paysan de Bousrah* [1] nous montrera un des types les plus curieux et les plus intéressants. La famille ne se réduit pas à une ou deux personnes; autour du chef se groupe toute une communauté et la simple lecture du chapitre appelé Etat-civil met en lumière ce trait pittoresque. La famille se compose du père, de ses trois femmes, de ses enfants, des frères du père, des enfants de ces derniers, des enfants de son fils aîné; elle comprend également les domestiques qui participent aux mêmes avantages que les membres proprement dits de la famille, et tout ce monde, ces trente-deux personnes vivent sous l'autorité d'un seul maître dont le pouvoir fondé sur la tradition n'a pas besoin d'être appuyé par la force publique. Il est facile de se rendre compte aussitôt que cette nombreuse famille ne peut être resserrée sur un territoire restreint, qu'il lui faut l'espace, l'espace illimité et libre dont nulle autorité ne prétend lui contester l'usage. En même temps, la monographie nous montre sur le vif un des traits principaux de cette organisation sociale, un de ses côtés les plus défectueux ; la famille, exposée sans défense aux razzias d'Arabes pillards, est obligée de se laisser rançonner par eux, à la condition qu'ils s'opposeront à l'incursion d'ennemis encore plus redoutables.

Qui aura jamais mieux dépeint le type de la famille-souche que la monographie du *Paysan du Lavedan* [2] ? Qui aura révélé avec plus d'énergie et de force les qualités précieuses d'une telle organisation sociale ? Qui aura mieux prouvé que la famille ainsi constituée est un inépuisable réservoir d'où s'échappent sans cesse des générations laborieuses, dévouées, prêtes à se sacrifier dans le sacerdoce, prêtes à défendre la patrie dans les rangs de l'armée, prêtes à perpétuer les traditions paternelles au foyer domestique,

---

[1] Voir les *Ouvriers des Deux Mondes* (1er volume).

[2] *Ouvriers des Deux Mondes* (1er volume).

prêtes enfin à porter au loin l'honneur, la gloire et les intérêts du pays natal, si ce foyer n'est plus assez vaste pour contenir tous les enfants d'une famille féconde ? Et lorsqu'après cette première lecture, on lira les luttes soutenues par la famille pour se maintenir en dépit des prescriptions de la loi, lorsqu'on verra cet ensemble harmonieux détruit par une législation oppressive, lorsqu'on ne retrouvera plus la paix régner, là où elle s'était maintenue pendant de si longues années, alors les vices de notre Code et les avantages de l'organisation sociale qu'il a brisés apparaîtront immédiatement à l'esprit.

Ces vices se manifestent tout à fait dans la monographie du *Paysan à banlieue morcelée du Laonnais* [1]. Les circonstances qui ont précédé la rédaction de cette monographie la rendent particulièrement intéressante : un jour qu'on avait discuté à la Société d'Economie sociale les avantages et les inconvénients de notre législation successorale, un des assistants contesta les attaques qui se produisaient contre le régime du partage forcé, en prétendant que dans son pays il n'avait pas amené les résultats funestes signalés ailleurs. Il ne refusa pas, du reste, de vérifier son assertion et s'engagea à rédiger une monographie ; mais telle fut la sincérité de l'observateur, telle est la sûreté de la méthode que cette monographie démontra avec une irréfutable évidence les inconvénients de la loi. Une population divisée, en butte à la jalousie, à la haine, des parents ne manifestant plus aucun souci des traditions, des enfants imitant les tristes exemples donnés par la défaillance de l'autorité paternelle, le respect des vérités morales remplacé par la soif du gain, voilà le déplorable spectacle que donne la population décrite dont le paysan du Laonnais est un si complet spécimen.

Au milieu des types de populations rurales désorganisées, viendront naturellement se placer les types d'ouvriers urbains, et parmi ceux-ci, il s'en trouve un qui les résume tous, c'est le *Tailleur d'habits de Paris* [2]. Là se révèlent dans toute leur étendue les maux qui sont la conséquence de l'isolement absolu de la

---

[1] *Ouvriers des Deux Mondes*, t. IV.
[2] *Ibid.* t. II.

population ouvrière et de l'absence de croyances religieuses parmi
elle. Cet homme qui gagne de forts salaires, quelquefois 11 fr. par
jour, n'aperçoit dans ces revenus que le moyen de se livrer à la
débauche ; sans notion aucune de la famille, il s'est attaché une
compagne qu'il réduit à l'état de domestique, uniquement pour
être en mesure de se livrer avec plus de liberté à ses grossiers
plaisirs. Toutefois, le défaut de patronage se fera sentir encore
plus efficacement dans des types plus élevés, soit dans le
*Carrier des environs de Paris*[1], soit dans le *Manœuvre à
famille nombreuse de la Villette*[2]. Quoiqu'ils ne soient pas tombés
au même degré de désorganisation, ils se trouvent cependant con-
damnés à la même instabilité ; le seul refuge qui leur reste en cas
de maladie ou dans leur vieillesse, c'est l'assistance publique.

## II.

Nous restreindrions néanmoins les résultats acquis par la
méthode des monographies, si nous supposions qu'elles nous
ont seulement révélé les grands types de la famille humaine.
La monographie apporte des renseignements multiples, aussi
bien sur les faits qui sont destinés à attirer notre attention que
sur ceux plus obscurs à côté desquels nous passons sans les
connaître et que l'établissement du budget est seul capable de
mettre en lumière.

Car tout acte de la vie des ouvriers se traduit par une dépense
ou par une recette ; il se rapporte nécessairement à une de ces
deux catégories de faits numériques. Lorsqu'on interroge donc
l'ouvrier, lorsqu'on cherche à se rendre compte de ce qui se
passe chez lui, on recueille sur chaque sujet des documents précis,
on demande les qualités de matières employées, les chiffres qui
représentent le prix de ces substances. On arrive ainsi à se rendre
compte, pour une année, de toutes les dépenses d'un ménage
d'ouvrier, de tout ce qui concerne sa vie, tout jusqu'à ses besoins
moraux, tout jusqu'aux choses plus ou moins accidentelles,
comme les récréations, et plus particulièrement encore les

[1] *Ouvriers des Deux Mondes*, t. II.
[2] *Ouvriers des Deux Mondes*, t. III.

actions journalières comme l'alimentation, le chiffre des salaires de toute nature, de manière à établir en face du budget des dépenses le budget des recettes. Il arrive alors que dans ces entretiens multipliés se manifestent des traits sur lesquels la famille s'était tue, voire même des traits fort intéressants ; il faut bien le dire, en effet, dans l'organisation des ménages ouvriers, très fréquemment les faits qui en sont les pierres d'assise sont précisément ceux que le ménage sent le moins.

Dans beaucoup de familles, par exemple, on croit avoir imaginé un moyen très sûr de se rendre compte des ressources en demandant quels sont les salaires, mais souvent, lorsqu'on évalue ces salaires et qu'on additionne les dépenses, on aboutit à un déficit. Alors, si on revient interroger les ouvriers, on se rend compte que les salaires ne constituent pas du tout leurs seules recettes ; on découvre dans certains cas des recettes très considérables ; elles consistent dans la jouissance de certaines productions en nature, en cadeaux de tout genre, qui sont assurés à l'ouvrier par les patrons, par des personnes bienfaisantes, par la coutume locale, par l'habitude du pays et qui forment ce qui, en science sociale, se nomme des subventions. Il y a ainsi un grand nombre de faits que cette méthode des budgets amène à établir de la façon la plus exacte, et dans tous les cas, il devient possible de les regarder comme certains, du moment où on est parvenu à établir la balance des recettes et des dépenses du ménage pendant une année.

Les données statistiques n'ont rien d'aussi rigoureux que cet établissement souvent long et laborieux du budget, jusqu'à ce qu'on parvienne à une balance exacte. Cette étude numérique nous permet de plus de calculer par la seule comparaison du chiffre des dépenses et des recettes la somme qui est mise de côté ; là se dessine un autre fait social très important, c'est l'esprit de prévoyance dans la famille de l'ouvrier, à l'égard des événements qui peuvent compromettre ou assurer son avenir.

Ainsi, sans pousser plus loin l'exposé de ces recherches minutieuses, nous pouvons entrevoir quelles lumières immédiates, précises, complètes et pénétrantes cette méthode des monographies produit et la précision s'en révèle surtout lorsque nous la comparons à l'emploi de la statistique ou des documents qu'on peut puiser en dehors de l'observation directe de la famille.

### III.

Il y a dans les sciences physiques et naturelles un genre de recherches qui semble excessivement difficile dans les sciences sociales. Un savant qui se livre à l'étude des sciences éprouve-t-il quelque incertitude sur l'existence d'une loi, il a immédiatement recours à l'expérimentation. Quand par exemple, il soupçonne l'existence d'une loi chimique, il va à son creuset et tente de nouvelles expériences. Mais est-il possible de se livrer à des manipulations de ce genre en matière sociale? Il faut le reconnaître cependant, dans le cours de l'histoire et particulièrement au commencement de ce siècle, des esprits aventureux et séduits par l'attrait de la nouveauté, n'ont pas craint de le faire. Les essais infructueux tentés par les disciples de Saint-Simon et de Fourier n'étaient que des expérimentations en science sociale. Quelques années plus tard, en 1848, on tenta avec une ardeur plus réfléchie que raisonnée de substituer à l'ancienne forme du travail le principe nouveau ou prétendu nouveau de l'association.

L'observation ne tarda pas à montrer que la plupart des systèmes forgés pour procurer le bonheur des hommes ne sont que des vieilleries déjà mises en œuvre, éprouvées et jugées. Sous l'influence de phénomènes variés, mille formes sociales, de toute composition, de tout genre se sont produites à diverses époques, en divers lieux. Sous la pression incessante des besoins les plus différents, sous l'impulsion capricieuse de la passion ou de la fantaisie, des groupes sociaux plus ou moins étendus ont essayé de tout. On peut donc dire qu'il existe dès l'origine, au sein des sociétés, une expérimentation naturelle, quelquefois même et par malheur une expérimentation factice qui suffit à nous renseigner. Il faut aller étudier les systèmes de toutes sortes, dans leur temps et dans leur lieu. Là il est facile de se rendre compte des conditions qui ont pu faire réussir certaines tentatives, mais qui en ont restreint l'efficacité à d'étroites limites, et qui permettent ou empêchent selon l'occurrence de leur donner une application différente ou plus générale. Mieux vaut assurément cent fois s'en tenir à l'observation, même à l'égard de systèmes qui paraissent devoir être expérimentés et épargner le sort des générations nouvelles qu'il est toujours souverainement dangereux de risquer dans ces aventures, car les expériences coûtent cher aux races qui les entreprennent, non pas seulement en écus, mais aussi en repos et en bien-être.

Ainsi, autant cette méthode a le mérite de dégager les grandes lois sociales dont il est interdit de s'écarter, autant elle aide le savant à découvrir une variété infinie de petites organisations spéciales, qui ont leur valeur à leur place et qui ne paraissent nouvelles qu'au jour où un habile homme croit les avoir inventées, et veut en faire sans discernement l'application au genre humain tout entier.

## IV.

La lecture des monographies apporte des notions précieuses et de toutes sortes aux hommes appelés à jouer un rôle dans la société et qui sont capables de s'élever au rang d'autorités sociales. Ainsi les propriétaires fonciers peuvent y voir combien il importe de laisser aux populations les droits d'usage consacrés par la tradition ; ces droits donnent un moyen d'existence assuré aux habitants, les attachent au pays et les empêchent de gaspiller au cabaret ou dans des dépenses improductives un salaire qui serait fourni exclusivement en argent. Leur maintien est une des garanties les plus sûres de la paix sociale.

Les propriétaires trouvent également dans les monographies bien des détails techniques. Ainsi la monographie du *Métayer de la banlieue de la Florence* [1] leur montre la pratique du métayage, avec les heureuses conséquences sociales qui en découlent. Par la monographie du *Manœuvre agriculteur de Nottingham* [2], nous comprenons quelle bienfaisante influence revient à la grande propriété préoccupée de ses devoirs et par quelle manière elle amène

[1] *Ouvriers des Deux Mondes*, 1er vol.
[2] *Ouvriers des Deux Mondes*, 1er vol.

une contrée à modifier heureusement ses procédés agricoles. Si nous voulons nous rendre compte des inconvénients qu'entraine le morcellement exagéré de la terre, nous n'avons qu'à parcourir les monographies consacrées à la description ... populations instables; nous verrons les procès se multiplier entre les familles à cause des servitudes que nécessite le passage d'une parcelle à une autre, les procédés agricoles rester stationnaires, les familles condamnées à un travail épuisant leurs forces, le bétail disparaître [1]. En reportant les yeux sur une famille possédant un domaine aggloméré [2], nous apercevons aussitôt la supériorité économique d'une organisation sociale qui ne brise pas le domaine.

La monographie n'a pas fourni des résultats moins intéressants au point de vue industriel. C'est elle qui, s'asseyant au foyer de la famille et résumant les faits dédaignés jusqu'à ce jour, a révélé les conditions nécessaires à la sécurité de l'ouvrier comme à celle du patron ; ce dernier n'est pas en effet menacé d'être abandonné à tout moment par ses ouvriers lorsque des liens permanents les attachent à son atelier. Parcourons les monographies d'ouvriers industriels, ici par exemple, nous trouverons les renseignements les plus précis et les plus intéressants sur la fabrication des châles. Là, le commerce parisien du brocantage, avec ses coutumes les plus diverses est fidèlement dépeint ; ailleurs on décrit les procédés primitifs employés par un peuple resté stationnaire au point de vue industriel. A propos d'un ouvrier tailleur, l'observateur sera obligé de décrire tout le mécanisme d'un atelier de ce genre, et cette obligation se présentera, du reste, à propos de toute famille ; il sera impossible de se rendre compte de son existence, si on ne pénètre dans le détail du travail qui forme ses principales ressources. Agriculteurs et ouvriers urbains ne seront vraiment étudiés d'une manière complète qu'à cette condition.

Les monographies contiennent également des indications très nettes sur la valeur des métaux précieux. L'établissement du budget des dépenses oblige en effet l'observateur à descendre dans tous les détails du ménage; il faut qu'il analyse le poids con-

---

[1] *Ouvriers des Deux Mondes*, 1er et 4e vol.
[2] *Ouvriers des Deux Mondes*, 1er vol.

sommé et la valeur que représentent tous les objets entrant dans cette alimentation ; il sait alors combien coûtent les denrées alimentaires, et il le sait non pas en établissant une statistique qui souvent ne répond à aucun chiffre réel, mais d'après les dépenses d'une famille calculées avec une rigoureuse méthode. Qu'on parcours le budget d'une famille au bout d'une certaine période d'années, dans l'intention de rechercher la valeur de l'argent, la curiosité sera immédiatement satisfaite par le document qui forme la pièce de contrôle de la monographie.

En vain a-t-on prétendu que la monographie si fertile en renseignements matériels ne faisait pas apparaître l'homme moral, qu'elle le reléguait au second plan et que, dans les colonnes du budget, si bien dressées et si rigoureusement balancées qu'elles fussent, ne se montrait pas l'âme de la famille, l'influence à laquelle elle était soumise et les opinions d'après lesquelles se dirigeait sa vie.

Cette influence cependant, ces opinions, elles se réflètent dans le budget avec une éloquence singulière. Considérons un instant dans le budget des dépenses relatives à la nourriture la partie qui est affectée aux boissons fermentées et si nous y voyons une somme considérable, nous jugeons que la famille manifeste une tendance qui, un jour ou l'autre, la conduira à l'ivresse.

Un chapitre spécial est réservé aux dépenses d'un caractère moral. Là encore se traduisent des faits d'une haute importance et qui jettent un jour sur l'existence intime de la famille. Lorsque le chiffre des récréations représente une proportion considérable dans le budget, on se trouve certainement en présence d'une famille qui sacrifie les dépenses nécessaires aux dépenses futiles et oublie dans de stériles plaisirs le respect de la loi morale. C'est le cas de toutes les populations désorganisées ; le ménage de l'ouvrier urbain se préoccupe peu de l'avenir et au lieu de se constituer une épargne qui le mettra plus tard à l'abri du besoin, et rendra ses derniers jours moins précaires, il ne songe qu'à jouir gaiement du présent. L'indifférence religieuse s'accuse encore avec évidence lorsqu'aucune dépense n'est affectée au service du culte ! La tendance à l'égoïsme, l'oubli des devoirs de la charité, ne ressortent-ils pas également d'une manière incontestable de l'absence totale de dépenses indiquant que la famille se préoccupe de venir au secours des misères d'autrui ?

Nous pourrions continuer cette énumération et passer en revue tous les chapitres du budget ; nous serions convaincus que derrière chaque chiffre se cache un sentiment moral, et que cette investigation sur les recettes et les dépenses de la famille est le meilleur mode d'enquête pour parvenir à connaitre l'homme tout entier.

Du reste, la monographie ne contient pas seulement le budget, mais dans le § 3, intitulé : *Religion et habitudes morales*, l'observateur est obligé de se rendre compte du degré de ferveur de la famille, de son respect de la loi de Dieu, et cet exposé intéressant donne par conséquent sur l'être moral des notions multiples et d'une source sûre. Lorsque l'observateur raconte dans le § 12 l'histoire de la famille, il ne fait certes pas abstraction de ses qualités ou de ses défauts. Ils apparaissent dans le passé de cette famille, les phases de prospérité ou de malheur qu'elle a traversées les accusent, et, en s'appuyant sur ces données, l'auteur de la monographie est en mesure de répondre à la question posée par le § 13 : *Mœurs et institutions destinées à assurer le bien-être* de la famille. Là il ne s'agit plus de chiffres dont la portée échappe à des esprits habitués à l'*a priori*, mais de considérations morales jetées non pas en l'air, mais appuyées solidement sur les observations recueillies dans les paragraphes précédents.

La monographie prend donc la famille dans tout son ensemble : elle nous fait apercevoir ses plus intimes pensées, elle analyse toute sa vie avec une abondance de détails qu'aucune enquête ne nous aurait fournis. Aussi, a-t-il été justement observé que nous saisirions aujourd'hui tout le mécanisme social des grands États de l'antiquité, si nous possédions une monographie du batelier du Nil ou du pêcheur de la mer Égée, du potier étrusque ou du marchand phénicien, de l'artisan d'Herculanum ou du laboureur du Latium, du mineur cantabre ou de l'orfèvre gaulois. Elles nous auraient montré les rapports qui unissaient jadis les classes inférieures aux classes supérieures. Nous connaissons l'histoire politique de Rome et d'Athènes; à certaines époques même, nous nous sommes passionnés pour les révolutions dont ces États ont été le théâtre avec une singulière naïveté. Les hommes placés à la tête du pays voulaient prendre comme modèles les Grecs et les Romains ; mais le modèle nous était imparfaitement connu, car nous n'avions que des données vagues sur la constitution sociale de ces peuples et par conséquent sur les causes qui avaient amené les révolutions dont le bruit occupait notre esprit. M. Fustel de Coulanges, dans son beau livre de la *Cité antique*, a soulevé le voile qui recouvrait l'organisation de la vie privée et ses rapports avec la vie publique chez les anciens. Il ne l'a fait qu'en pénétrant plus profondément dans les faits et en consacrant à la famille comme à la cité une sorte de monographie.

L'utilité de la monographie, au point de vue historique, ne peut plus maintenant être mise en doute. Si le régime féodal est mieux connu, si les erreurs que des historiens prévenus ont accumulées sur le moyen-âge commencent à se dissiper, une bonne part de ces progrès revient certainement à la méthode d'observation. Les belles monographies russes décrites par M. Le Play, à une époque où l'ancienne constitution sociale n'était pas ébranlée, nous ont montré sous leur véritable jour les rapports des classes supérieures aux classes inférieures, et comme cette organisation présentait une grande analogie avec celle de la France au moyen-âge, nous avons appliqué à notre pays les observations recueillies à l'étranger. La féodalité nous est apparue, non pas telle qu'elle nous avait été représentée, c'est-à-dire l'oppression systématique du faible par le fort, mais au contraire comme un système qui obligeait les classes élevées à veiller au sort des êtres placés dans une condition inférieure et mettait par conséquent ceux-ci à l'abri de misères imprévues. C'est à la méthode appliquée par M. Le Play qu'est due la connaissance de cette vérité historique : le régime féodal était essentiellement un mode d'organisation du travail, attachant par des liens étroits le maître à l'ouvrier et l'ouvrier au maître.

# CHAPITRE VII.

## La Monographie et le mouvement économique moderne.

### I.

La monographie n'est pas seulement un précieux auxiliaire de l'histoire ; elle est indispensable aux hommes qui se trouvent aux prises avec les problèmes sociaux et économiques de notre époque. Malheureusement, lorsqu'il s'est agi de leur donner une solution, la meilleure voie pour parvenir à la vérité a été négligée et des méthodes vicieuses ont été adoptées.

Aussi, a-t-on vu le mouvement économique moderne, subissant l'influence de ce vice de méthode, s'engager dans une mauvaise voie et aboutir à l'antagonisme social. On ne s'est pas occupé en effet des devoirs qui relient les hommes entre eux, on a fait complète abstraction du patronage ; la religion a été mise de côté comme n'exerçant qu'une médiocre influence dans le gouvernement des sociétés. L'homme n'a plus été envisagé qu'au point de vue matériel, comme un être capable d'acquérir ou de produire, et par cette préoccupation exclusive, une erreur dangereuse entre toutes, a été répandue : à savoir que le but final d'une société est le développement des richesses et que la prospérité vraie d'une nation se mesure à son degré de bien-être et à sa puissance matérielle de production.

Les promoteurs du mouvement économique n'ont étudié la société que d'une manière incomplète. Ayant négligé l'étude méthodique et rigoureuse de la réalité, ils se sont guidés beaucoup plus par des principes élaborés dans le cabinet que par des faits observés avec une précision scientifique.

Sans doute, aucune science ne peut marcher et progresser qu'avec les faits ; mais il y a deux manières d'appliquer la raison à l'étude des faits, et, selon qu'on adopte l'une ou l'autre de ces manières, l'esprit est amené à des conclusions tout à fait opposées.

Lorsque les physiciens, les chimistes, les naturalistes ont

observé les faits, qu'ils en ont constaté l'existence d'une manière certaine, ils ne reconnaissent pas à leur raison le droit de venir contredire, au nom de principes préconçus, les résultats de l'expérience. Ce qu'ils s'efforcent de savoir, c'est si le fait qu'ils ont recueilli offre un caractère isolé, et, dans ce cas, ils le laissent de côté. Mais si le fait observé se répète avec une certaine régularité; si surtout il se prête à l'expérimentation et se reproduit à volonté, ils passent d'un certain nombre de cas qu'ils ont constatés à la notion probable d'un fait général, c'est-à-dire ils reconnaissent une loi. Ces lois sont tout simplement des généralisations de faits particuliers.

Cette méthode-là est-elle celle qui a inspiré les promoteurs du mouvement économique moderne ?

Quelques-uns d'entre eux ont senti très vivement le besoin de suivre la voie où les sciences naturelles et physiques ont rencontré de si belles découvertes. Seulement ils ont cru devoir subordonner les lois qu'ils ont établies à de grands principes abstraits dont la raison seule avait le dépôt. On avait très nettement indiqué de prendre pour guides l'observation et l'expérience, et souvent, au nom des principes préconçus, on a rejeté le témoignage des faits ou méconnu les résultats les plus évidents. Encore une fois, ce n'est pas ainsi que les physiciens et les naturalistes cherchent la vérité. L'expérience et l'observation ont auprès d'eux le dernier mot. Les hypothèses les plus séduisantes, les conceptions les plus brillantes de l'esprit sont abandonnées immédiatement dès qu'un fait incontestable les dément. L'étude des sociétés est une science du même ordre ; elle n'arrivera à la possession de la vérité qu'en appliquant à sa recherche exactement les mêmes procédés.

## II.

La méthode d'observation, appliquée à la recherche des vérités sociales, ne s'est donc pas contentée de rapporter des faits rassemblés sans une forme d'enquête déterminée et au gré de chaque expérimentateur. Elle est descendue dans la vie intime d'une société, dont elle a retrouvé par un procédé d'investigation minutieuse les grandes lignes comme les détails. Ses conclusions s'imposent au nom d'une expérience contre laquelle viennent se briser toutes les théories.

Or, les idées sur lesquelles s'est basé le mouvement économique moderne, elle n'en a pas retrouvé la trace dans les ateliers prospères, dans les familles stables. Elle ne les a pas retrouvées dans ces ateliers de la Suède où la discorde entre patrons et ouvriers ne s'est jamais manifestée et où le patronage se présente à nous d'une manière si touchante. Elle ne les a pas retrouvées dans ces exploitations agricoles de la Russie où le serf était attaché à la terre du seigneur, mais où ce dernier était contraint par la coutume de venir au secours de ses serviteurs. Elle ne les a pas retrouvées dans ces usines de l'Orient où chaque ouvrier est propriétaire d'une maison et ne connait pas les angoisses du dénûment. Elle ne les a pas vues se développant dans cette plaine saxonne, réservoir inépuisable de l'Allemagne, ni dans le Lunebourg, où se maintiennent en paix de vigoureuses familles. Elle ne les a pas constatées non plus, en France, dans les grandes usines comme dans les petits ateliers où la paix n'a pas été troublée, et dans les familles qui ont conservé les traits distinctifs de la prospérité, à savoir la fécondité, la pratique de la loi morale, le respect de l'autorité paternelle.

Là, au contraire, elle a rencontré des mœurs, des usages, qui sont en opposition avec les principes d'indépendance et d'instabilité en faveur dans les ateliers modernes. L'ouvrier reste attaché à son patron, aucune discussion ne s'élève entre eux au sujet de la fixation du salaire. Le premier bien pour l'ouvrier, c'est de vivre dans une profonde sécurité, de recueillir les fruits légitimes de son travail, de savoir que sa femme et ses enfants ne seront jamais exposés à la misère et à tous les dangers qu'elle entraine. Il compte sur son patron, car aux yeux de ce dernier, dans l'ouvrier il y a un homme et non pas seulement une machine. L'attacher à lui par des liens intimes est la première préoccupation du maitre, de manière que l'ouvrier n'éprouve jamais la tentation de le quitter.

Aussi, toutes les pratiques des ateliers ont-elles été résumées en un mot : la permanence des engagements. Cette permanence suppose que la paix la plus complète règne et que toutes les questions qui intéressent les deux parties en présence, sont résolues à leur commune satisfaction. Le patron mérite véritablement ce grand nom ; il remplit à l'égard de ses ouvriers les devoirs d'un père, suivant la belle prescription du concile de Trente.

### III.

Ces conclusions qui se dégagent de l'étude des familles, entreprise d'après la méthode des monographies, furent encore corroborées par une vaste enquête internationale. A l'exposition de 1867, un nouvel ordre de récompenses fut institué. Il avait pour objet de rechercher et de couronner les hommes qui arrivaient à établir dans les populations ouvrières la paix et la bonne harmonie. Ce concours était international. Tous les pays qui avaient pris part à l'exposition étaient invités à y concourir. Le concours ne stipulait aucune espèce de conclusions *a priori*. On ne s'occupait pas de savoir si on avait affaire à une institution conçue d'après les principes nouveaux ou d'après la tradition, on n'acceptait d'autre criterium que les faits.

Voilà, par conséquent, sur l'organisation du travail une immense enquête poursuivie dans toute l'Europe et même dans d'autres parties du monde. Elle est menée par des personnes de toute nationalité, dégagées de toute idée particulière. Or, elle a démontré que la paix et l'harmonie avaient régné dans les ateliers où les ouvriers y restaient de longues années, retenus par la sollicitude intelligente du patron. Elle a énuméré les conditions qui avaient procuré cette harmonie si nécessaire au bien-être général de la société ; la plupart contredisaient les théories nouvelles.

### CHAPITRE VIII.

#### La Monographie et les écoles modernes.

### I.

La méthode des monographies ne conduit pas les observateurs à des conclusions plus conformes aux doctrines de certaines écoles fort en vogue aujourd'hui.

Parmi les adeptes de ces doctrines, les uns se rattachent à la doctrine appelée si justement évolutionnisme ; ils admettent *a priori* que l'humanité marche d'un pas tantôt lent, tantôt précipité, mais sûr, vers une amélioration indéfinie de son sort ; l'homme, dépendant des conditions matérielles au milieu desquelles la nature l'a placé, n'a pas la faculté de réagir contre les lois fatales qui régissent sa destinée. Cependant son esprit, découvrant sans cesse des nouveautés matérielles, imprime un puissant essor au développement des sciences, de l'industrie et du travail, et ces nouveautés détruisent la prépondérance acquise jusqu'à ce jour aux traditions morales dans l'éducation des enfants et le gouvernement des hommes. L'évolution de l'humanité, à les en croire, ne s'arrêtera jamais, car la matière se transforme sans cesse et les vérités morales suivent le sort de ces modifications.

Les autres partent d'un principe philosophique opposé, et, ne faisant aucune distinction entre l'homme et les animaux, soutiennent que les vrais principes du gouvernement des hommes sont les lois physiques qui régissent les autres êtres de la création.

Un plus grand nombre enfin des hommes de nouveauté ne se rattachent ni à l'une ni à l'autre de ces deux doctrines ; ils laissent de côté le point de départ qui a servi de base au naturalisme comme à l'évolutionnisme ; mais ils soutiennent avec passion un principe dont ils font dériver toutes leurs théories sociales. L'homme naît bon, disent-ils. S'il est abandonné à lui-même, il se dirige vers le bien, la droiture de sa raison lui montrant ce qu'il doit faire, de même qu'elle l'avertit des actions qu'il doit éviter. Comme dans la société, le mal se manifeste, comme les hommes ne donnent pas tous l'exemple d'une vertu parfaite, comme la discorde règne là où l'harmonie devrait subsister et comme il est admis en principe que les instincts de la nature humaine sont dirigés vers le bien et le juste ; ces désordres sociaux ne peuvent résulter que des institutions et des contraintes qui pèsent sur la libre volonté de chacun.

La paix sera donc rétablie dans la société lorsque les institutions traditionnelles auront été détruites, lorsque l'homme aura été livré à ses seules inspirations naturelles. L'autorité sous toutes ses formes est en conséquence l'ennemie contre laquelle se dirigeront les coups de ceux qui veulent ramener la paix dans l'humanité. Le père opprimant la liberté de l'enfant, ce dernier sera déclaré libre de l'autorité paternelle, réduite à l'impuissance et déchue du gouvernement souverain de la famille. La religion prend sur l'esprit des populations une influence inutile et abusive ; elle est considérée comme un témoignage de l'état d'enfance d'une société, comme manifestant un état inférieur et à son tour, elle est condamnée au nom de la perfection native de l'homme. Dans l'État, l'autorité du souverain n'est pas plus respectée, puisque le droit de révolte figure aux premiers rangs des faux dogmes admis par la société moderne depuis 1789. Enfin quand il s'agit des rapports entre les hommes dans le monde du travail, la hiérarchie n'est pas acceptée, les hommes se considérant tous comme placés sur un pied de parfaite égalité. Aussi l'ouvrier envisage-t-il avec envie l'autorité du maître ; il rêve un état social dans lequel il parviendra à conduire le travail seul, sans le secours d'aucune supériorité.

Cette tendance s'affirme tous les jours au sein de notre société et les manifestations ouvrières aboutissent uniformément au même but : se passer du patron. Tout récemment, un fait bien significatif mettait encore en relief la méfiance d'une grande partie de nos contemporains contre toute hiérarchie sociale. A la suite de désordres qui ont éclaté dans un de nos bassins houillers, quelques membres du Parlement ont eu l'idée de présenter un projet de loi qui aurait eu pour but « de sauvegarder les droits des travailleurs » en réclamant l'intervention de l'Etat. Mais si les droits de ceux-ci sont hautement proclamés, il n'est pas question des devoirs auxquels sont tenus les patrons vis-à-vis de ceux qu'ils emploient. On préfère s'en remettre à une intervention d'une efficacité douteuse plutôt que de faire appel aux devoirs des patrons, que d'engager ces derniers à prendre soin des hommes dont le sort dépend de leur bonne volonté. Cela seul aurait semblé reconnaître un patronage proclamé inutile.

## II.

Écoutons maintenant l'enseignement de l'expérience.

Comme nous l'avons écrit plus haut, la méthode d'observation a déjà recueilli plus de trois cents monographies; elle a étudié non-seulement la France, mais encore les pays étrangers et elle a pu résumer ainsi, d'après une enquête directe et rigoureusement conduite, les traits principaux auxquels se reconnaissent les familles prospères.

Un père, modéré dans ses goûts, juste et affectueux envers ceux qui dépendent de lui, pratiquant les préceptes de la loi divine, trouvant dans un travail régulier le pain quotidien, sachant se préparer une ressource en vue des prévisions inconnues de l'avenir, ou fournir à ceux qu'il emploie des moyens d'existence; une femme fidèle à ses devoirs d'épouse et de mère, faisant régner l'ordre et la propreté dans le ménage, chaste gardienne du foyer domestique; des enfants respectueux envers leurs parents, dressés à la pratique du bien par la volonté paternelle, qui dirige à son gré le gouvernement de la famille, résistant à un amour exagéré des nouveautés sous l'empire desquelles ils se seraient écartés de la voie suivie par la famille; les vieillards, les malades et les infirmes entourés au foyer des soins qui leur sont dus, achevant en paix leur existence, telle est la famille prospère. Elle se maintient par ses propres forces et n'emprunte sa solidité à aucune institution artificielle.

Dans les régions retirées de la France, peu exposées au contact des étrangers, il se rencontre encore des types de familles fidèles au bien et profondément attachées au foyer que les générations successives se sont transmises avec une inaltérable fidélité pendant deux siècles peut-être. Ces familles forment une réserve inépuisable pour l'État qui a eu la sagesse de ne pas s'opposer à leur maintien. Elles demeurent les soutiens de la patrie. Elles fournissent des recrues pour toutes les fonctions sociales et leur respect des hiérarchies nécessaires les empêche de se laisser jamais entraîner dans des mouvements dangereux pour la sécurité publique.

Parmi les monographies qui ont été rédigées, beaucoup, au contraire, décrivent des familles ouvrières vivant au milieu de nos cités. Les chefs de ces familles connaissent tous les secrets de leur métier ; ils sont doués d'une vive intelligence, ont reçu une instruction complète. Mais ils se montrent sans défense contre les séductions du vice et sont toujours prêts à dépenser au cabaret l'argent gagné avec peine. Vivant au jour le jour, ils n'ont pas l'énergie de ramasser une modeste épargne qui donnera à leur vieillesse plus de bonheur. Leur foyer ne leur inspire aucun attachement ; menant une existence nomade, ils passent d'un lieu à un autre avec une extrême facilité et comme l'idée de hiérarchie leur inspire une haine instinctive, ils se refusent à respecter toutes les autorités qui sont préposées à la direction d'une société. En même temps, jamais satisfaits de leur sort, ils en rêvent une amélioration chimérique; ils prêtent une oreille complaisante aux hommes qui, par un langage plein de séduisantes promesses, cherchent à soulever leurs passions. Ils croient donner une preuve de leur supériorité intellectuelle, en s'émancipant de toute loi religieuse.

Pourquoi alors une si grande différence entre ces familles? Pourquoi l'observation constate-t-elle une valeur sociale si diverse ? Un seul fait donne l'explication de cette distinction ; ces familles-ci se sont émancipées de toute autorité, et ont oublié le respect de la loi de Dieu; celles-là, au contraire, ont pris la loi morale comme la règle de leur conduite. Loin de nous la pensée de nier l'utilité de l'instruction ! cette utilité n'a jamais été contestée, et, dans l'ancienne France, les pouvoirs traditionnels veillaient avec sollicitude à ce que l'instruction fût distribuée aux enfants du peuple ; mais il est dangereux de lui attribuer un rôle prépondérant dans la société à l'exclusion du décalogue universel que prennent pour guide tous les peuples prospères. Il est faux de lui reconnaître à elle seule une véritable efficacité sociale. Suivant l'expression de M. Le Play, l'école n'est que la modeste succursale de l'Eglise et du foyer.

Ce n'est pas au nom d'une idée préconçue que nous aboutissons à cette conclusion, l'expérience nous l'impose.

### III.

Ce qui est vrai des familles est également vrai des nations.

Il serait chimérique de croire que les peuples pussent prospérer et grandir en dehors des règles qui assurent aux familles le bien-être, l'observation démontrant qu'un peuple est essentiellement une agglomération de familles.

Les hommes de nouveauté se laissent éblouir par les ressources merveilleuses dont dispose maintenant l'esprit humain pour découvrir les lois du monde matériel. Certainement la force de production de l'industrie, a été centuplée ; un champ illimité s'ouvre à l'action de la science et dans toutes les branches de l'activité humaine, son influence s'est fait sentir ; mais on assimile là deux ordres de faits tout à fait distincts, l'ordre physique et l'ordre moral. Le prem'er vit et grandit par les inventions et les découvertes ; le second n'a rien reçu, en aucun temps, de l'esprit de nouveauté et se maintient seulement par l'esprit de tradition. Cette confusion regrettable a fait considérer comme un signe manifeste de prospérité sociale les progrès matériels qui, dans les temps actuels, ont si merveilleusement multiplié les moyens à mettre en œuvre pour accroître la richesse.

La méthode d'observation révèle, au contraire, les périls qui naissent de ces découvertes. Elle montre dans tous les troubles qui agitent les sociétés, les résultats d'une corruption produite par les abus de la richesse, de la force ou de la science ; la richesse amenant l'homme à satisfaire avant tout ses passions, la force lui permettant d'opprimer ses semblables, la science le poussant à ébranler les vérités traditionnelles. Or, ces trois causes de corruption dérivent directement de l'abus des cultures intellectuelles, et si une société même désorganisée ne contenait pas encore quelques vestiges des vérités morales qui ont été autrefois respectées, elle ne tarderait pas à succomber et à tomber dans un état d'anarchie comparable à celui des populations sauvages. Car tous les instincts de l'homme s'étant réveillés, il ne voudrait reconnaître d'autre maître que sa volonté individuelle proclamée souveraine, et affranchie de tout frein.

Il est donc inexact de le prétendre, l'homme ne marche pas vers le progrès continu ; avant comme après les découvertes scientifiques du XIXe siècle, il reste toujours enclin au mal, sans qu'il soit possible de supprimer les contraintes nécessaires pour éclairer un cœur sujet à faillir.

Les facultés intellectuelles ne jouent pas un rôle exclusivement prépondérant dans le développement de l'humanité, puisqu'une famille, un individu, ne joignant pas à des connaissances intellectuelles le respect de la loi morale, tomberait dans une dégradation complète [1].

Les anciennes institutions qui ont maintenu l'homme dans la voie du bien n'ont, au contraire, jamais cessé de jouer un rôle capital dans le gouvernement des sociétés. C'est en vain qu'on a parcouru le monde, c'est en vain qu'on a interrogé les institutions des peuples qui ont été découverts par de courageux explorateurs ; les voyageurs n'ont pas encore rencontré, quoiqu'on en ait dit, un peuple sans Dieu, et si ce phénomène s'est vu au milieu de quelque agglomération humaine, il a été observé, dans des cas isolés au sein de peuplades sauvages, c'est-à-dire chez les représentants les plus dégradés de l'espèce humaine.

Dans les rapports des hommes entre eux, la méthode d'observation nous a également prouvé que l'ancienne hiérarchie n'était pas appelée à disparaître et que le patronage n'avait pas fini son rôle. On a néanmoins essayé de supprimer le patronage, de modifier l'antique organisation du travail. On a prôné les vertus de l'association qui a été représentée comme la forme nouvelle du travail et à une certaine époque, au lendemain de la Révolution de 1848, les Français ont osé faire en grand une expérience sociale sur la question de l'association. L'essai ne réussit pas et des cinquante-six associations qui se fondèrent à cette époque, avec l'encouragement et les secours financiers des pouvoirs publics, deux seulement étaient debout en 1872. Elles

----

[1] Un homme qui a compté au premier rang des apôtres des idées nouvelles, M. Herbert Spencer, a cependant démontré avec beaucoup de force l'impuissance morale de l'instruction primaire.

n'avaient pas été cependant écrasées par les exigences du capital qui s'était mis à leur service avec beaucoup de complaisance.

Les tentatives entreprises sous l'empire des idées nouvelles ont donc échoué. Le principe des associations ouvrières peut recevoir des applications, nous ne le contestons pas, mais des applications bornées ; il paraît incapable d'exercer une très grande influence sur l'ensemble des manifestations du travail humain. Il se montre inférieur au patronage qui a organisé le travail, développé la puissance industrielle et assuré la sécurité aux ouvriers. Cette organisation sociale que l'association était destinée à combattre n'a pas cessé d'avoir la fécondité qu'elle a eue dans le passé et les ateliers qui arrivent à se constituer sur ces bases, au milieu des difficultés actuelles, sont précisément ceux où l'on constate le maintien de la bonne harmonie et de la paix sociale.

De plus, en développant ces théories, les hommes de nouveauté ne paraissent pas s'être doutés qu'ils faisaient un retour vers le passé, vers l'organisation primitive de la plupart des peuples. L'observation des faits prouve en effet que la communauté, que l'on nomme aujourd'hui l'association, est une des formes accoutumées de l'organisation du travail chez les nations qui disposent encore d'un territoire assez étendu pour subsister sans trop de difficultés. La propriété individuelle et le patronage naissent peu à peu là où la multiplication des membres du corps social a rendu plus difficiles les conditions d'existence et où il est devenu nécessaire d'exploiter d'une façon plus productive le sol dont on dispose. C'est ainsi que les communautés ont diminué devant la transformation de l'industrie, opérée sous l'influence des découvertes modernes, et elles se sont conservées principalement chez les États à population moins étroitement agglomérée.

## IV.

En présence des vérités banales que nous venons de rappeler, une réflexion se présente immédiatement à l'esprit. Comment d'aussi graves erreurs ont-elles été soutenues ? Ne dénature-t-on pas la pensée de leurs auteurs en leur prêtant des idées qui ne tiennent pas devant une enquête impartialement faite et scientifiquement conduite ?

La méthode employée par les hommes de nouveauté, est responsable de leurs erreurs. Car ils ont posé des principes sans essayer de les justifier par les faits ; l'abus du raisonnement les a égarés dans la recherche du vrai et lorsqu'ils ont voulu consulter l'expérience, ils l'ont fait sans méthode et sous l'empire de préventions.

L'homme naît bon, a dit Rousseau, il vient au monde dans les conditions de bonté ; les tendances de son cœur sont naturellement bonnes [1].

La vertu appartient à l'homme sauvage plus qu'à l'homme civilisé, et le vice n'a pris naissance que dans la société, a écrit à son tour Buffon [2].

Par quelles preuves expérimentales les partisans de cette théorie la justifient-ils ? La basent-ils sur des faits observés et recueillis avec soin ? La déduisent-ils d'une revue minutieuse des constitutions sociales ? Pas le moins du monde. Le principe est posé comme une vérité indiscutable et sur cette base fragile, ils construisent une théorie meurtrière qui renversera toute la société.

Jamais la crainte de soutenir une erreur ne les arrête ; ils marchent avec l'impassibilité du doctrinaire. Cependant l'observation de la famille la plus pauvre qui se serait offerte à leurs regards aurait détruit le système [3] et montré dans l'enfant des instincts qu'il est nécessaire de réprimer.

---

[1] Rousseau. *Contrat social. — Emile. — Lettres à Mgr de Beaumont.*

[2] Buffon, *Variété dans l'espèce humaine.*

[3] Un vigoureux esprit, M. Taine, a dépeint avec beaucoup de force et d'éloquence ce vice de méthode de la philosophie du XVIII⁰ siècle.

« Appliquez le contrat social, si bon vous semble. Mais ne l'appliquez qu'aux hommes pour lesquels on l'a fabriqué. Ce sont des hommes abstraits qui ne sont d'aucun siècle et d'aucun pays, pures entités écloses sous la baguette métaphysique. En effet, on les a formés en retranchant expressément toutes les différences qui séparent un homme d'un autre, un Français d'un Papou, un Anglais moderne d'un Breton contemporain de César, et l'on n'a gardé que la portion commune. On a obtenu ainsi un résidu prodigieusement mince, un extrait infiniment écourté de la nature humaine, c'est-à-dire suivant la définition du temps, « un être qui a le désir du bonheur et la

Chez les écrivains qui se rattachent à l'école évolutionniste, nous rencontrons un plus grand souci des faits, mais une méthode défectueuse les empêche d'étudier les faits avec discernement. N'étant pas contenus par un cadre aussi rigoureux que celui de la monographie, ils les prennent pêle-mêle, les citent sans les avoir préalablement contrôlés et arrivent ainsi à des résultats tout aussi contestables que les lettrés qui se placent sur le terrain du pur raisonnement. Chez les évolutionnistes, « il suffit d'un fait isolé relevé chez un individu ou chez une tribu sauvage, par exemple chez une tribu des îles Fidji, pour faire contre-poids à des faits innombrables observés dans l'Europe entière, et confirmés par l'autorité des peuples et de tous les temps. On étend avec une incroyable légèreté un trait bizarre surpris dans un individu à tous les individus de la même espèce. C'est l'abus de la généralisation porté à son comble. »

En même temps, les évolutionnistes appliquent les mêmes conclusions à des faits tout à fait dissemblables. « M. Stuart Mill, par exemple, en commençant chacun des chapitres d'un de ses ouvrages, prend un fait de l'ordre matériel, en suit l'application dans l'ordre végétal, animal et moral ; puis, par de singuliers abus de raisonnements, ces faits peu nombreux et mal vus, deviennent des éléments de généralisation factice ; enfin, lorsque l'auteur arrive à la conclusion, il se contente de raisonner au lieu d'étudier les applications légitimes [1]. »

faculté de raisonner, » rien de plus, rien d'autre. On a taillé sur ce patron plusieurs millions d'êtres absolument semblables entre eux ; puis, par une seconde simplification aussi énorme que la première, on les a supposés tous indépendants, tous égaux, sans passé, sans parents, sans engagements, sans tradition, sans habitude, comme autant d'unités arithmétiques, toutes réparables, toutes équivalentes, et l'on a imaginé que, rassemblés pour la première fois, ils traitaient ensemble pour la première fois. De la nature qu'on leur a supposée et de la situation qu'on leur a faite, on n'a pas eu de peine à déduire leurs intérêts, leurs volontés et leur contrat. Mais de ce que le contrat leur convienne, il ne s'ensuit pas qu'il convienne à d'autres. Au contraire, il s'ensuit qu'il ne convient pas à d'autres, et la disconvenance sera extrême si on l'impose à un peuple vivant ; car elle aura pour mesure l'immensité de la distance qui sépare une abstraction creuse, un fantôme philosophique, un simulacre vide et sans substance de l'homme réel et complet. » — *La Révolution*, pp. 183-184.

[1] *Bulletin de la Société d'Économie sociale*, t. V, p. 152. *Réfutation de la doctrine évolutionniste*. Rapport présenté par M. Antonin Rondelet. A la

Lorsque l'évolutionnisme s'attache à étudier plus spécialement les faits sociaux, il prend comme unique guide les statistiques, sans remarquer que les statistiques donnent bien les faits dans leur ensemble, mais qu'elles ne rendent pas compte de tous les minutieux détails qui composent l'existence humaine, qu'elles laissent forcément de côté tous les rapports nécessaires entre les hommes. Les faits moraux qui jouent un rôle essentiel dans les sociétés humaines [1] ne comptent pas dans la statistique.

même séance, M. Alexis Delaire, a donné un exemple saisissant de cette erreur de méthode qui vicie d'une façon radicale toutes les observations de l'évolutionnisme. Il l'emprunte à un des plus curieux chapitres de la *Psychologie objective*, à celui que l'auteur intitule *La Genèse des nerfs*.

« Voulant expliquer comment prend naissance, dans l'être hypothétique, cellule ou nomade, dont l'évolution séculaire doit faire un grand penseur, le nerf qui transmettra de la périphérie au centre la sensation externe et ramènera du centre à la périphérie le mouvement que cette sensation doit provoquer, l'auteur imagine une sorte de tissu lâche dans lequel la matière est comme située. Si alors, et il me faut ici suivre exactement la traduction de sa pensée, si la distribution de la matière est inégale, si l'aptitude à la transformation varie entre les parties, s'il se rencontre des molécules plus spécialement propres à transmettre le mouvement, un ébranlement suscité en un point par une sensation se prolongera plus facilement dans la masse suivant certaines directions de moindre résistance. Si, enfin, la sensation se renouvelle fréquemment au même point, la matière nerveuse se modifiera peu à peu sur le trajet, sur le canal que suit l'ébranlement et le nerf sera constitué. En somme, c'est la plus absolue passivité, la plus pure possibilité qui prétendent rendre compte de la spontanéité la plus haute, et si vous tourniez quelques pages, vous verriez la même succession de coïncidences fortuites servir à expliquer la formation des organes les plus délicats ou les plus complexes, tels que l'œil ou le cerveau. Bien plus c'est sur une base aussi fragile que l'auteur établit sa théorie des mouvements inconscients, qu'il considère comme la première ébauche de la volonté, la première évolution de la conscience. »

[1] Un évolutionniste, Bückle exprime, au début de son *Histoire de la civilisation en Angleterre*, une confiance absolue dans cet emploi de la statistique ; celle-ci lui paraît le grand progrès réalisé par notre siècle, le mode de recherches qui servira désormais pour parvenir à la découverte de la vérité.

« La grande valeur des résultats réellement acquis, dit-il, est évidente, non seulement par la surface étendue qu'embrassent les généralisations, mais aussi par les précautions extraordinaires avec lesquelles elles ont été faites. En effet, tant que la plupart des recherches morales étaient subordonnées à quelque hypothèse théologique ou métaphysique, les investigations auxquelles je fais allusion provenaient exclusivement de l'induction, puis elles furent basées sur des collections de faits innombrables qui englobent un grand nombre de pays et prennent la forme la plus claire celle de table arithmétique; actuellement elles ont été réunies par des hommes qui, étant pour la plupart

Quant aux conclusions que les évolutionnistes tirent de l'histoire, elles pèchent également par la base. Les évolutionnistes accumulent les faits historiques, ils recherchent souvent ceux mêmes qui ont été jusqu'à ce jour les plus ignorés, mais ces faits sont réunis en vue d'une thèse dont on prétend justifier l'exactitude et la main qui les puise sait pratiquer une sélection habile et peu favorable à la découverte de la vérité. C'est en vue de prouver, avec la supériorité des races, la prétendue fatalité qui gouverne les actions des hommes, de démontrer l'influence nuisible exercée par les institutions du passé, que ces faits sont groupés.

Les hommes de nouveauté critiquent en termes amers les anciens historiens qui décrivaient les faits militaires avec minutie ; ils leur reprochent de s'attacher uniquement au tableau des cours, ils les raillent du soin minutieux avec lequel ils rendent compte de la vie des rois, ils prétendent que l'histoire ainsi comprise travestit le passé. Mais eux aussi ont été impuissants à faire revivre l'ancienne France ; en accumulant à plaisir les faits qui semblent condamner les institutions nécessaires, ils ont manqué aux premières règles de l'observation véritablement scientifique, comme ils n'ont pas étudié les points qui auraient pu étayer leurs conclusions sociales.

Il existe en effet dans une nation des classes diverses, des hommes unis les uns aux autres, des propriétaires, des paysans, des patrons, des ouvriers. Ceux-ci ne se disputent pas des territoires ; leurs actions obscures n'attirent pas l'attention de leurs contemporains ; leur existence s'écoule sans que l'histoire ait à y relever

de simples fonctionnaires publics, n'avaient aucune idée particulière à soutenir et aucun intérêt à fausser la vérité des rapports qu'on leur avait donné l'ordre de faire.

« Les déductions les plus compréhensives, quant aux actions de l'homme admises par tout le monde comme des vérités incontestables sont derivées de cette source ou de sources analogues, elles reposent sur l'évidence statistique et sont exprimées en langage mathématique ; quiconque sait combien de découvertes ont été faites par cette seule méthode doit non-seulement reconnaître l'uniformité avec laquelle les phénomènes de l'esprit se succèdent, mais encore, selon moi, avoir la certitude que des découvertes plus importantes encore seront faites aussitôt qu'on mettra en jeu ces autres ressources puissantes que même l'état actuel des lumières fournira abondamment. » T. I, pp. 24 et 25. Marpon et Flammarion, éditeurs.

4

les grands faits qu'elle s'est plu à raconter. Néanmoins, la force, la prospérité d'une nation, dépendent de ces existences en apparence insignifiantes, puisque la première question qui se pose pour toute société est de maintenir la paix entre ses divers membres, de leur assurer des ressources pour leurs besoins matériels et en même temps de les mettre à l'abri des entraînements dangereux. Aussi, lorsque les classes élevées remplissent les devoirs qui leur incombent, considèrent que les biens dont elles disposent leur ont été donnés non pour leur usage ou leur jouissance particulière, mais qu'ils constituent les greniers d'abondance des autres classes ; lorsque le mode d'organisation du travail attache d'une manière intime les ouvriers aux patrons ; lorsque les lois, les coutumes prennent pour point de départ le respect de Dieu, la nation entre en possession du bonheur et de la paix.

Que nous lisions au contraire les détails militaires d'une campagne compliquée, les intrigues multiples de négociations diplomatiques ou que nous soyons initiés à tous les caractères plus ou moins exactement décrits d'une race, à tous les vices des institutions corrompues par quelques hommes, aux misères partielles d'un pays, nous connaissons des faits qui n'éclairent guère notre esprit. Nous restons ignorants de la solution donnée aux problèmes fondamentaux qui s'imposent aux sociétés humaines, et cela sous toutes les latitudes; nous n'envisageons pas la société sous son véritable jour, et ne sommes pas en mesure de déduire de son histoire des conclusions sociales.

Prenons pour exemple le règne de Louis XV. Qui n'examinera que la situation des hautes classes se trouvera en présence d'une noblesse énervée par l'esprit de cour, ayant perdu le sentiment de ses devoirs, abîmée dans le luxe et l'incrédulité et d'un pouvoir royal non moins infidèle à sa haute mission, menant avec une insouciance coupable le pays à sa ruine; il conclura aussitôt que les mœurs chrétiennes, le respect de la tradition et les fortes vertus n'existaient plus parmi nous, que le régime, témoin de pareils faits, devait être détruit sans retour.

Cependant, les familles de province n'avaient pas encore perdu les vieilles coutumes; au-dessous de la France brillante et corrompue, il se rencontrait une France fidèle à ses plus pures et à ses plus nobles traditions [1]. Sans un mode d'investigation rigoureuse, jamais la vérité n'aurait été connue, et ces faits ne remontent pas à plus d'un siècle ; les historiens qui les ont défigurés ont assis sur ces récits inexacts leurs théories sociales, ils ont attribué aux institutions les maux qui avaient été produits par la corruption momentanée de quelques hommes.

Depuis, au contraire, que M. Le Play a montré les véritables lois sociales, déduites de l'observation comparée des divers peuples, il a ouvert à l'histoire une voie nouvelle ; tous ceux qui se proposeront de retrouver la vérité s'y engageront et appliqueront ainsi au passé la méthode qui nous a permis de connaitre le présent. Ils chercheront à distinguer les causes qui ont amené les périodes de prospérité ou compromis ces périodes de bonheur. Voilà l'utilité véritable des études historiques.

## CHAPITRE IX.

### La méthode d'observation et la vie politique.

#### I.

Nous appelons surtout l'attention des hommes politiques sur la nécessité de pratiquer la méthode d'observation et d'avoir recours aux enquêtes par la voie des monographies de famille, pour se guider au milieu de la vaste tâche qui leur incombe dans nos sociétés compliquées.

Lorsqu'on suit d'un regard impartial et désintéressé les discussions qui s'engagent dans nos assemblées délibérantes, on est frappé de l'absence complète de notions précises que les orateurs apportent à la tribune, de la voie peu sûre qu'ils suivent pour parvenir à la connaissance de la vérité, même lorsqu'ils

---

[1] Un historien éminent, M. Charles de Ribbe, a présenté le tableau aussi charmant qu'exact de cette France, dans la *Famille et la Société en France avant la Révolution.*

proclament bien haut leur désir de la posséder. Nous entendons sans cesse des membres de nos Parlements réclamer des enquêtes, et la condition des classes ouvrières que les grèves récentes ont imposée à l'attention publique a déjà inspiré plusieurs demandes de ce genre. Cette année même a fonctionné une commission qui avait été instituée par la préfecture de la Seine et qui avait pour mission de rechercher les moyens de favoriser le développement des associations ouvrières en les admettant à participer aux entreprises de travaux publics ; elle s'est préoccupée également de déterminer de quelles manières les ouvriers peuvent être admis à participer aux bénéfices du patron.

L'enquête serait rapidement menée, elle fournirait des données certaines, si nos législateurs avaient la sagesse de recourir à l'observation, si par exemple ils faisaient établir la monographie d'une famille appartenant au centre ouvrier, témoin des agitations qui ont éveillé leur sollicitude. Nous sommes convaincus que conduite d'après ce procédé, elle révélerait des faits dont seraient fort étonnés des esprits habitués à se mouvoir au milieu d'une atmosphère de théories.

Ces études d'enquête directe seraient surtout utiles aujourd'hui où nous avons perdu la notion de l'observation. Nous raisonnons tellement sur des abstractions et d'après des principes *a priori* que nous nous sentons dépaysés en présence des faits. Nous ne savons plus les comprendre ni les étudier, et cette habitude intellectuelle augmentera de plus en plus, maintenant que l'instruction, malgré ses prétentions scientifiques, est tout entière guidée par des théories.

## II.

L'emploi de la méthode d'observation offrira encore un autre avantage ; elle exercera une heureuse influence sur la confection des lois. Les hommes qui président à leur rédaction obéissent à une tendance nouvelle [1] : ils considèrent la loi non plus comme

[1] On peut consulter avec fruit sur ce sujet la séance de la Société d'Économie sociale du 12 février 1882. — M. de Courcy y a traité la *Famille de l'absent, la loi, la morale, la coutume.* Nous relevons dans son rapport ces re-

l'expression d'une vérité consacrée par la coutume et à laquelle le pouvoir donne sa haute sanction, mais comme la déduction d'un principe abstrait et qui doit être appliquée d'une manière inflexible, jusqu'à ce qu'un texte vienne abroger le texte primitif.

Or un des effets les plus curieux que les observations rigoureuses et minutieuses sur lesquelles nous nous appuyons, mettent en lumière, au point d'en faire comme une révélation nouvelle, c'est le pouvoir véritablement immense et profondément salutaire de la coutume, dans l'organisation sociale. La science sociale montre que la coutume, tant décriée par les légistes modernes, n'est que l'heureux empire d'idées acceptées sans débat parce qu'elles ont été éprouvées et acceptées avant nous, parce qu'il a été constaté qu'elles donnaient lieu à moins d'inconvénient que tout autre mode de régler les rapports des hommes, parce que leur application se présentait naturellement dans les faits comme la solution la plus simple et la mieux adaptée, parce qu'en un mot, le bien-être s'harmonisait partout avec elles. Les idées, consacrées par la coutume, ont une puissance extrême et justement méritée ; elles sont plus fortes que la loi, mais elles établissent un genre de contrainte qu'on ne sent pas, et c'est le meilleur.

En effet, comme elles ont été sanctionnées par le bien qu'elles produisent, on jouit de leurs bienfaits en même temps qu'on se soumet à leurs exigences. On accepte le régime de plein gré, sans même se rendre compte qu'on est obligé de l'accepter par la tradition.

Le respect de la coutume s'impose donc aux hommes d'Etat dignes de ce nom. Car si la coutume se retrouve à l'origine des sociétés, elle se plie avec une merveilleuse flexibilité à toutes les nécessités sociales, et, lorsque des faits nouveaux qu'elle n'avait pas prévus se manifestent, elle ne se propose pas

marquables paroles : « La coutume, expression de la justice dans les rapports sociaux, a précédé les lois écrites. C'est une erreur de croire qu'elle soit abolie par les textes. Elle les éclaire, elle les interprète avec une certaine souplesse et une saine jurisprudence est encore la coutume. J'appellerais volontiers la jurisprudence la coutume *a posteriori* ou la coutume interprétant le texte. »

de les étouffer et sait au contraire les faire rentrer dans un cadre toujours ouvert.

Qui aura éclairé nos rédacteurs de lois sur les bienfaits de la coutume et sur les inconvénients d'une codification à outrance? Est-ce la théorie, est-ce l'observation?

A n'écouter que la théorie pure, la coutume risquerait fort d'être condamnée. Le raisonnement se refuserait à admettre l'efficacité d'une loi qui ne serait écrite nulle part; il supposerait volontiers que l'absence d'un texte positif amène nécessairement des contestations nombreuses entre les citoyens; il se raillerait de cette loi qui semble une sorte de mythe.

Ici encore l'observation dément la théorie. La coutume est sortie de l'âme du peuple; elle n'a pas eu comme inspirateurs des légistes pâlissant sur des textes ou se disputant sur des mots, mais c'est le peuple qui l'a établie en se référant à la première coutume universelle, c'est-à-dire à la loi de Dieu. Aussi commande-t-elle plus le respect que les nombreuses lois qui remplissent nos codes.

Nous avons eu le bonheur d'étudier la constitution sociale d'un pays dans lequel la loi écrite n'a pas encore étouffé la coutume par ses développements parasites. Il existe sans doute des lois codifiées dans les cantons catholiques primitifs de la Suisse, mais elles dorment, recouvertes d'une vénérable poussière, dans les archives du canton, et il appartient à la coutume de régler la matière la plus importante, le mode de transmission des biens, les habitants ayant considéré que la loi devait respecter le foyer domestique et ne pas empiéter sur un terrain réservé aux pères de famille.

Nulle part peut-être il ne se rencontre une quiétude plus profonde. Nous l'envierions pour notre pays, malgré les textes innombrables qui semblent résoudre toutes les difficultés et prévenir toutes les divisions.

En consultant les faits d'après une méthode bien adaptée de recherches, nos hommes politiques renonceraient peut-être à une idée fatale qui s'est rencontrée depuis la fin du siècle dernier dans toutes nos assemblées délibérantes sans exception; elles rendent des lois applicables sur tout le territoire et ne tiennent nul compte des différences qui doivent exister entre les populations vivant dans des contrées diverses et soumises par conséquent à des organisations sociales dissemblables. On connaît le mot d'un ministre de l'instruction publique tirant sa montre à trois heures et disant : « Maintenant, sur toute l'étendue du territoire français, on explique dans les classes les mêmes vers de Virgile. »

Tout récemment encore, dans une discussion qui avait vivement excité l'attention, un homme politique, — lui aussi ministre de l'instruction publique, — opposait une fin de non recevoir absolue à des amendements qui voulaient introduire dans une loi sur l'instruction primaire des tempéraments nécessités par les circonstances. Puisqu'il avait posé un principe, il fallait que ce principe reçût son application, malgré tous les faits qui s'y opposaient.

Voilà ce que sont trop souvent les hommes d'État. Les gouvernements changent, mais les pratiques ne changent pas. Sur la ruine de toutes les institutions, la théorie reste debout ; elle gouverne les hommes qui se croient séparés par un abîme. Tous la prennent comme règle de conduite. Tous philosophent, raisonnent, légifèrent en vue d'un être idéal, construit dans le cabinet, mais que nous ne rencontrons pas dans la réalité.

Nulle part, plus que dans la loi des successions, cette tendance ne s'est accusée, nulle part elle n'a amené des conséquences plus funestes. Les rédacteurs du code sont partis d'un principe absolu : ils ont considéré que la loi naturelle prescrivait le partage égal de la fortune entre les enfants et la loi tout entière a été rédigée d'après cette idée que l'expérience n'a jamais vérifiée. Aucun tempérament n'y a été apporté ; elle applique aux grandes comme aux petites fortunes les mêmes formalités, bien que les premières soient en mesure de les supporter, mais que les secondes étouffent sous cette prétendue protection. Telle est la force quasi-invincible du préjugé, que depuis quarante ans le mal a été reconnu par tous les ministres de la justice. Nous attendons encore la réforme.

La loi ne fait non plus aucune distinction entre les fortunes mobilières et les fortunes immobilières. Elle ne considère pas l'intérêt puissant que présente pour les grandes maisons industrielles ou les entreprises agricoles la permanence de l'établissement dans les mêmes mains. Elle n'a pas vu que dans certaines régions, par exemple, dans les plaines, la terre se prêtait au morcellement, tandis qu'ailleurs elle ne le supporterait pas. Toutes ces questions de fait lui ont échappé ; elle est partie d'un principe et, avec ce principe qui ne s'accommodait d'aucune concession, elle a opprimé les faits.

En ayant enfin sans cesse recours à l'observation, les législateurs auraient aperçu au dessus des lois humaines, soumises aux fluctuations des passions, une loi immuable, éternelle. Elle gouverne toutes les actions humaines, elle trace à l'homme avec une impérieuse concision la limite de ses devoirs. Elle a régné dans tous les temps. Elle s'impose à l'homme civilisé comme à l'homme primitif ; elle s'applique à la vie privée comme elle dirige la vie publique, et dans la monographie d'une pauvre famille d'ouvrier comme dans la monographie d'une puissante société, son influence se retrouve. C'est le respect de cette loi qui amène la prospérité des individus comme des nations. Lorsque les uns comme les autres oublient les préceptes éternels du Décalogue, ils sont voués à la souffrance.

Voilà l'enseignement que donne l'observation, voilà le dernier mot de la science sociale.

III.

La monographie serait encore un précieux élément d'information pour les hommes qui gouvernent notre pays, au point de vue des relations qu'ils doivent entretenir avec les populations coloniales, avec les habitants de l'Algérie surtout. Bien souvent en effet, nous avons violemment heurté des préjugés et des habitudes faute de les connaitre, et, si un mode d'enquête nous avait permis d'approfondir la raison d'être de ces coutumes, nous n'aurions pas blessé des esprits qui ont quelquefois gardé un long et amer souvenir de nos maladresses.

Cet emploi de la méthode serait d'autant plus opportun, que, par suite de l'instabilité gouvernementale, les hommes ne sont pas destinés à occuper longtemps leurs fonctions. A peine commencent-ils à se rendre compte de la région qu'ils administrent qu'un autre poste leur est confié. Leurs successeurs ne sont pas choisis parmi des hommes résidant depuis longtemps dans le pays; appelés d'une extrémité de la France à l'autre, ils sont trop rarement préparés à la difficile mission qu'ils sont chargés de remplir à l'improviste, et, lorsqu'ils arrivent dans cette contrée inconnue pour eux, il ne leur vient guère la pensée de se pénétrer par un procédé minutieux d'observation des mœurs, des coutumes, des lois des indigènes. Les idées auxquelles leurs prédécesseurs s'étaient attachés leur servent de règle à moins que, dans un vain désir d'innovation, ils ne détruisent tout ce qui a été fait.

Si nous voulons juger les défauts de ce mode de procéder, nous n'avons qu'à consulter l'expérience. Aucun des peuples qui ont compté dans leur empire de puissantes colonies, n'a prétendu les régir ainsi. Ni les Romains, dont les provinces éloignées n'étaient en réalité que de grandes colonies, ni les Hollandais maîtres, malgré l'exiguité de leur territoire, d'îles riches et peuplées, ni les Anglais qui gouvernent dans l'Inde plus de 200 millions d'âmes, n'ont songé à soumettre leurs possessions à la direction exclusive des bureaux de la métropole. Seuls les Espagnols ont voulu rendre le gouvernement central maître absolu de leurs colonies; ils se sont refusés à modifier leur système selon les circonstances. Aussi ont-ils été cruellement punis de leur imprévoyance; après avoir vaillamment conquis d'immenses empires, ils sont réduits aujourd'hui à quelques îles qui demeurent le théâtre de fréquentes agitations.

## CHAPITRE X.

### L'avenir des Ouvriers des Deux-Mondes. — Conclusion.

### I.

La Société d'Economie sociale est maintenant en mesure de reprendre les *Ouvriers des Deux-Mondes*, puisque la science est fondée. Il n'y a plus là seulement l'œuvre d'un homme qui a eu l'énergie de construire de ses propres mains un édifice immense, mais de nombreux élèves sont formés qui appliquent à l'étude des familles et des sociétés les procédés d'enquête et d'observation directe.

L'impulsion est donnée au mouvement scientifique, et il ne s'arrêtera plus. Au milieu des luttes violentes des partis, des préoccupations souvent futiles de l'opinion publique, devant la légèreté d'esprit qu'a amenée une éducation mal dirigée, il était difficile d'espérer que l'attention se reporterait sur des œuvres aussi fortes et aussi profondes. L'évènement a dépassé les prévisions les plus favorables ; la science sociale recrute des disciples dans les rangs les plus opposés, elle étend ses investigations et, en reprenant la pratique de la méthode à laquelle elle a dû tous ses succès, elle peut être assurée qu'elle augmentera son influence. Nous commençons en effet à sentir le vide des idées et des systèmes au milieu desquels nous nous débattons depuis plus de quatre-vingts ans.

## II.

La nouvelle publication des *Ouvriers des Deux-Mondes*, se composera de monographies publiées chacune dans un fascicule séparé, mais qui pourront être ensuite réunies en volume. L'observateur sera, bien entendu, obligé de se conformer au modèle qui a déjà été adopté et dont il serait dangereux de s'écarter. On a imaginé, par exemple, dans quelques pays, où les inconvénients des anciens procédés statistiques avaient été reconnus, de mener une enquête au moyen de questionnaires en blanc envoyés aux familles, pour que celles-ci se chargeassent de les remplir. Les résultats de cette forme d'enquête ont certes été préférables à ceux que la statistique pure avait obtenus; toutefois, ces documents ne donnent que des moyennes trompeuses : ils suppriment la partie la plus précieuse peut-être de la monographie, à savoir les relations personnelles de l'observateur avec la famille. En outre, le sévère controle qui résulte de l'établissement du budget des recettes et du budget des dépenses fait ici totalement défaut.

Il sera fait une seule dérogation à cette règle : le budget ne sera pas imprimé dans les précis de monographie, c'est-à-dire dans les monographies qui, se rattachant au type déjà étudié et publié dans le même fascicule, présentent une moins grande importance ou dans celles dont les notes réclament des développements exceptionnels.

Les observateurs auront, sans doute, intérêt à porter leurs regards sur les populations qui offrent les traits les plus aigus de discorde ou les meilleurs exemples de paix et de prospérité ; cependant, ils recueilleront encore des renseignements utiles dans toute contrée qui ne rentrera pas dans une de ces deux catégories.

Comme le disait une instruction sur la méthode des monographies publiées par la Société d'Economie sociale [1], l'application de la méthode des monographies n'exige pas que l'observateur se restreigne à une classe ou une famille déterminées. « On peut observer indifféremment une des classes agricoles ou industrielles d'une localité. Toutefois, dans une région qui n'a pas été encore décrite, il est préférable de porter son attention sur les paysans, c'est-à-dire sur les petits propriétaires agriculteurs qui, avec leur famille emploient sur leur domaine la totalité de leur temps, sans être obligés de travailler au dehors en qualité de salariés. Cette classe est toujours l'élément fondamental d'une civilisation. Grâce à la nature de ses travaux et aux habitudes qui résultent de la propriété territoriale, elle conserve mieux que les autres l'empreinte du génie local.

Dans une classe déterminée, on doit toujours choisir une famille qui soit originaire de la localité et qui réunisse à peu près des conditions moyennes, c'est-à-dire qui ne soit ni supérieure, ni inférieure aux autres par la situation matérielle ou par la moralité. Cependant, cette condition n'est pas rigoureusement indispensable. On doit s'attacher encore à décrire le plus souvent un ménage complet, dont l'étude est, en général, plus fructueuse que celle d'un ménage sans enfants et surtout d'un célibataire. Enfin, il faut prendre une famille qui se prête volontiers à l'obser-

<hr>

[1] *Ouvriers des Deux-Mondes*, t. III.

vation en se rendant au désir exprimé par l'observateur ou par des personnes influentes de la localité. Pour réussir il faut incontestablement que l'observateur soit animé d'un sincère amour de la science qui le porte à rechercher la vérité et à enregistrer les faits avec une scrupuleuse exactitude. »

### III.

Les monographies qui vont être publiées dans le recueil des *Ouvriers des Deux-Mondes*, ajouteront à notre collection une série de types intéressants ; chacune d'elle apporte une ample moisson de faits utiles à méditer.

Voici d'abord les types d'ouvriers désorganisés, *l'ouvrier cordonnier de Malakoff*, le *mécanicien forgeron de Paris*, avec les précis de monographie de *l'ouvrier mégissier* et du *monteur en bronze*. De chacune de ces monographies se détache un enseignement particulier. Ce qui distingue le cordonnier de Malakoff, c'est un esprit où reposent à la fois l'influence de la bonne éducation reçue dans une famille chrétienne et l'empire de ces idées nouvelles, de ces utopies et de ces chimères auxquelles une presse passionnée rattache le salut social. La monographie met en relief l'insuffisance du patronage qui ne se manifeste que par des institutions de prévoyance, en dehors de toute relation d'homme à homme.

Dans la monographie du forgeron mécanicien, une note très étendue et très curieuse décrit l'influence de l'industrie du nourrissage par rapport à la mortalité des enfants parisiens. La même monographie traite également avec une heureuse abondance de détails de l'application des procédés mécaniques aux travaux d'aiguille ; elle nous donne les moyens de nous rendre compte de son influence économique et morale, d'après des données certaines. Enfin elle analyse un sentiment très répandu dans une partie des classes ouvrières de Paris, la prévention contre la charité, la foi profonde dans les institutions coopératives.

L'insuffisance d'un haut salaire pour asseoir la sécurité d'une famille ouvrière, l'instabilité déplorable des ouvriers parisiens, tels son les traits principaux dégagés par la *monographie du monteur en bronze* et par celle du *mégissier*.

A côté de ces figures d'ouvriers, se place un type dont on chercherait en vain la description dans la collection des *Ouvriers européens* et des *Ouvriers des Deux-Mondes*, c'est le *Brigadier de la Garde républicaine*. Cette monographie soulève les questions les plus graves, celles concernant la sécurité de nos grandes cités qui réclame la constitution d'un corps d'élite; elle nous initie aux difficultés du recrutement, conséquences de notre nouvelle organisation militaire. et, après avoir dépeint l'existence d'un homme, véritable type d'héroïsme modeste et de désintéressement continu, elle montre sa vieillesse assurée par une propriété rurale que l'épargne de sa famille a sagement constituée.

Avec le *Pêcheur de Martigues*, nous nous transportons sur les rives de la Méditerranée, au milieu d'une population qui n'a pas sans doute échappé aux influences des idées actuelles, mais qui demeure encore vivement attachée aux coutumes et à l'enseignement transmis par la tradition. Elle se distingue, en outre, par des traits pittoresques, par une vivacité de caractère, particulières aux populations du Midi.

Après ces monographies, le musée social des *Ouvriers des Deux-Mondes* s'enrichira de nouveaux types non moins instructifs que ceux déjà décrits, le *paysan des Landes*, le *paysan de Schwitz*, le *gantier de Grenoble*, le *porcher de Bastelica*, le *métayer de la Gascogne*, etc., etc.

Les *Ouvriers des Deux-Mondes* deviendront ainsi une vaste encyclopédie sociale, remarquable par l'abondance et par l'exactitude rigoureusement scientifique des renseignements.


### IV.


Le moment est favorable pour la reprise de ces travaux.

Les idoles devant lesquelles se sont inclinées les classes du siècle précédent commencent à être ébranlées dans une partie de la société. Beaucoup de propriétaires fonciers se pénètrent de leurs devoirs ; passant un temps plus long dans leurs propriétés, ils reviennent aux pratiques de leurs pères. La vie frivole et factice de Paris inspire à quelques-uns une légitime répulsion.

On commence à comprendre que la force d'un pays ne réside pas dans la destruction de toutes les autorités naturelles, qu'il ne suffit pas de faire de l'individu un grain de poussière pour rendre la société stable.

Notre pays s'était bercé de l'espoir que les idées de la Révolution, résumées dans le Code civil, auraient la merveilleuse vertu de prévenir les désordres sociaux. La masse de petits propriétaires que créait l'émiettement continu du sol constituerait un solide rempart contre les entreprises des ennemis de tout ordre social ; il n'y aurait plus de révolution à redouter.

Ainsi raisonnaient les hommes politiques au commencement de ce siècle ; le Code civil était une arche sainte devant laquelle les générations passaient en s'inclinant respectueusement. Aujourd'hui, on se prend à douter de son efficacité sociale. On se demande si certaines dispositions de cette loi fondamentale n'ont pas produit plus de mal que de bien.

Devant l'arrêt inquiétant qui s'est produit dans l'accroissement de notre population, les esprits éclairés se sont émus et ont reconnu l'influence de notre législation successorale sur le mouvement de la population.

« Les lois de succession, écrit un des plus brillants économistes de notre temps, peuvent entrer pour une part considérable dans la lenteur de l'accroissement de la population française. Nous ne sommes pas de ceux qui considèrent le droit de tester comme la seule amélioration des maux sociaux ; mais nous pensons que cette liberté devrait être notablement élargie, que la réserve héréditaire devrait être réduite, que les articles du Code, relativement au partage en nature, doivent être refondus, que toutes les formalités successorales, que tous les frais successoraux doivent être diminués. On a voulu empêcher le bourgeois comme le paysan de faire ce que l'on appelait jadis un aîné, c'est-à-dire d'avantager un des enfants ; on n'y a réussi qu'en partie. On peut toujours faire un aîné, en supprimant les cadets ; c'est à ce beau résultat que s'ingénient une foule de familles françaises. Si des lois ont pour effet de pousser la plus grande partie de la population à n'avoir qu'un enfant par famille, il faut avouer que ces lois, pour sacro-saintes qu'on les tienne, non-seulement outragent la morale, mais conspirent contre la grandeur nationale. [1] »

Les désordres qui éclatent dans le monde du travail ont également ramené l'attention des patrons vers les anciennes coutumes grâce auxquelles la France avait échappé à l'antagonisme social. Déjà on voit se produire de consolantes manifestations ; un grand nombre de patrons n'hésitent pas à réagir contre les suggestions de la loi de l'offre et de la demande, sous l'empire de préoccupations diverses, il est vrai, mais qui toutes concourent au même but : rétablir entre le maître et l'ouvrier une paix détruite depuis la fin du siècle dernier.

Le langage même témoigne de la lente infiltration de nos idées. Ainsi, les mots « réforme sociale, paix sociale, autorités sociales, permanence des engagements, désorganisation, patronage, » reviennent fréquemment dans les journaux, sur les lèvres de nos hommes politiques ; ils sont certes employés dans un sens très différent de celui que nous leur prêtons, et telle publication, qui excite les classes ouvrières à se soulever contre leurs maîtres, invoquera en faveur de cette œuvre de haine les nécessités de la paix sociale. Mais les mots ne s'en répandent pas moins ; ils précèdent et préparent la diffusion des idées.

En même temps les erreurs historiques se redressent, et, si la méthode d'observation appliquée à l'étude de notre société a rétabli des vérités méconnues, cette méthode appliquée à l'histoire n'a pas opéré de moins merveilleuses conversions. Le moyen-âge qui, au siècle dernier paraissait une époque de troubles, de ténèbres et d'oppression a été apprécié avec équité ; il s'est vu

---

[1] *Economiste français*. Article de M. Leroy-Beaulieu, mars 1880. — On peut également lire sur ce sujet un curieux article de la *République française*, 10 février 1880, et une étude de M. Charles Richet, dans la *Revue des Deux Mondes* du 1er Juin 1882 (*L'accroissement de la population française*).

rendre justice par des historiens fort éloignés des idées traditionnelles.

Toutefois, s'il est dangereux de s'abandonner à un découragement injustifié, de regarder le triomphe de l'erreur comme fatal, il est non moins périlleux de concevoir des illusions auxquelles les faits ne tarderaient pas à infliger de cruels démentis. Nous ne devons pas nous dissimuler que la masse de l'opinion publique subit encore l'influence des erreurs contre lesquelles nous protestons. Mais quelque puissants que soient les obstacles, l'école de la paix sociale a la confiance qu'elle en triomphera.

Qui voudrait s'opposer à une telle œuvre inspirée par l'amour du pays et par le respect de la vérité ? Les hommes de science nous repousseront-ils, parce que nous nous plaçons sur le terrain de l'observation scientifique? Les hommes de tradition nous envisageront-ils avec une certaine défiance, parce que nous revendiquons avec une généreuse ardeur les traditions délaissées; parce que nous combattons les erreurs sur le terrain même qu'elles affectent de considérer comme le leur.

Ni les uns ni les autres, nous en sommes sûrs, ne s'opposent aux succès de notre œuvre.

Avec les hommes de science, nous nous engageons, en effet, dans une voie où ils ne refuseront de nous suivre qu'en reniant tous leurs principes. La science sociale est une science aussi rigoureusement constituée que les autres sciences ; elle ne procède pas *a priori*, elle ne pose pas de grandes lois qui ne seraient appuyées d'aucune démonstration. Comme nous l'avons signalé dans le cours de cette introduction, elle a eu recours à la méthode qui avait été si féconde dans les sciences naturelles et derrière toutes les pratiques qu'elle a recommandées se trouvent des faits qui les appuient. Sa marche est aussi lente que sa méthode est vigoureuse; il lui faut une enquête directe, multipliée, un contrôle impitoyable pour qu'elle se prononce.

Le savant qui n'accepterait pas nos procédés cesserait d'être un homme de science, puisqu'il n'existe pas deux méthodes dans les sciences d'observation. Une seule est féconde et sûre : observer,

observer encore, observer toujours. En dehors de cette voie, il n'y a place que pour l'invention et le système.

Si nous nous tournons maintenant vers les hommes religieux, nous n'avons qu'à leur rappeler la situation actuelle. Travaillée par le doute, notre société a pris en défiance ce qu'elle aurait dû continuer à respecter ; elle est devenue non pas seulement hostile, mais chatouilleuse à l'excès, intolérante au dernier point, intolérante même jusqu'à préférer la tolérance du mal à la tolérance du bien. Elle se persuade en outre qu'elle a découvert un système social qui lui donne une incontestable supériorité sur tous les autres peuples et réalise la perfection idéale. Il est donc évident qu'en présence de cette déplorable disposition des esprits, la méthode purement scientifique apporte à la vérité un précieux concours puisqu'elle détruit par les faits les illusions dangereuses auxquelles s'abandonne notre époque.

La vérité, du reste, n'a rien à craindre de l'observation consciencieuse et véritablement scientifique ; elle ferait douter d'elle-même, si elle manifestait quelques craintes devant une loyale consultation de l'expérience. Elle se méfie à bon droit des procédés prétendus scientifiques auxquels ont recours les hommes acharnés à la combattre ; elle repousse ce faux appareil de science qui déguise mal une hostilité passionnée et un culte jaloux rendu aux faux dogmes de 1789 ; elle se met en garde contre une observation mal conduite et déloyale. Mais elle ne condamne pas plus la sérieuse méthode de la science sociale que celle des autres sciences. Chaque nouvelle découverte fait éclater l'ordre admirable qui règne dans le monde et rend ainsi un nouvel hommage à la volonté suprême qui le gouverne.

Nous n'avons pas besoin de rappeler ici tous les témoignages de chaleureuse adhésion qui sont arrivés au fondateur de la science sociale de la part du corps chargé de répandre l'enseignement de la vérité religieuse. Du reste, de tout temps, il a été reconnu qu'on devait approprier les preuves si multiples de la vérité aux besoins particuliers de l'époque.

Ainsi, le grand apôtre des Gentils, disait : « Étant libre à l'égard de tous, je me suis rendu serviteur de tous pour gagner plus de personnes. Et j'ai vécu avec les Juifs, comme Juif, pour gagner les Juifs ; avec ceux qui sont sous la loi, comme si j'eusse encore été sous la loi, (quoique je n'y fusse pas assujetti) pour gagner ceux qui sont sous la loi ; avec ceux qui n'avaient point de loi, comme si je n'en eusse point en moi-même (quoique j'en eusse une à l'égard de Dieu, ayant celle de Jésus–Christ), pour gagner ceux qui étaient sans loi. Je me suis rendu faible avec les faibles, pour gagner les faibles ; je me suis fait tout à tous pour les sauver tous [1] ».

## V.

Quelques mots encore avant de terminer.

Nous vivons aujourd'hui sous l'empire de la onzième constitution politique qui a été donnée à la France depuis le commencement du siècle. Toutes les formes de gouvernement, ont été essayées ; tous les partis, en prenant possession du pouvoir, se sont crus maîtres de l'avenir, et, tous sont tombés sous les coups d'une révolution violente.

Deux fois nous avons vu s'élever l'Empire, aux applaudissements du peuple, et, deux fois, il s'est écroulé au milieu d'une guerre étrangère. Ramenée en 1815, la Monarchie reprend quinze ans plus tard le chemin de l'exil. Le pouvoir qui lui succède n'est pas plus heureux ; lui aussi succombe devant une émeute. La forme républicaine que celle-ci proclame dure à peine trois années. Depuis 1870, enfin, nous avons passé par des phases diverses qui accusent notre permanente instabilité.

Ces gouvernements cependant ont compté à leur tête des chefs respectés, des orateurs brillants, des ministres habiles ; ils ont rendu au pays des services que la postérité commence à reconnaître ; mais tous ont éprouvé un sort identique. Ils ne sont pas parvenus au but qu'ils se proposaient d'atteindre, parce que tous se sont trouvés sur le même théâtre en présence du même état social, des mêmes erreurs, des mêmes lois désastreuse.

Au XVIIIe siècle, il s'est élevé une génération douée à un haut degré de qualités intellectuelles et qui a reconnu comme

[1] Saint-Paul, 1re aux Corinthiens, IX, 19 à 22.

maîtres des penseurs de génie. Leur génie n'a pas cependant empêché ces derniers de verser dans l'erreur. Ils l'ont parée de vêtements séduisants, ils l'ont présentée sous les aspects les plus favorables, ils lui ont prêté le prestige de leur plume et de leur éloquence. Mais l'erreur n'en reste pas moins l'erreur ; détournés du 'roit chemin, les lettrés ont abouti à des doctrines dont le néant se révèle sous nos yeux avec une douloureuse évidence. Les faiblesses des descendants accusent les erreurs des pères.

L'histoire du XIXe siècle ne comprend pas un enseignement moins instructif. Les plus grands esprits ont tristement échoué, les hommes d'Etat les plus expérimentés ont vu leurs efforts se briser contre la force des choses ; leurs talents ont été frappés de stérilité.

Un vice de méthode avait égaré les hommes du siècle dernier et, malgré leurs facultés intellectuelles, malgré leur bonne volonté, tous ceux qui sciemment ou non se sont jetés depuis dans le même chemin n'ont pas su retrouver la route qui les aurait conduits au but.

De même en effet que l'enfant ne saurait se passer d'une contrainte morale qui le maintienne dans la voie du bien, de même l'esprit humain, livré à lui seul et sans guide, cède à de capricieuses fantaisies. Il réclame une méthode qui l'empêche de tomber dans l'erreur.

A la fin du siècle précédent, les hommes, saisis par un fol énivrement, avaient conçu l'espoir d'un bonheur absolu et d'un progrès illimité. Pleins de confiance et dans leurs lumières et dans leur perfection originelle, ils se figuraient naïvement qu'ils allaient faire disparaître tous les maux subis jusqu'à ce jour par l'humanité ; aucun obstacle ne paraissait s'opposer à la réalisation de ces rêves. Suivant l'expression de M. Guizot [1], la croyance à la bonté native de l'homme était une des colonnes de l'esprit humain en 1780.

Plus tard, lorsque l'épopée impériale eut pris fin, les jeunes générations, désillusionnées de la gloire militaire, furent vivement séduites par les luttes naissantes de la tribune, par le réveil de

[1] Introduction des *Mémoires pour servir à l'histoire de mon temps*.

la poésie endormie, par la transformation de l'histoire. On se persuadait alors que le gouvernement parlementaire avait réalisé l'idéal; toute la France avait souffert, vécu et grandi pour aboutir à cette forme de gouvernement et les malheurs de la patrie cependant si récents apparaissaient comme un mauvais souvenir qui ne devait plus revivre.

Ce fut enfin vers la prospérité matérielle, vers le développement de l'industrie et du commerce, que les esprits, désabusés par les révolutions, se rejetèrent avec la même ardeur qui les avait entraînés vers des cultes si divers.

Quelle passion s'emparera de notre génération ? A peine parvenions-nous à la jeunesse, que la patrie était déchirée par les malheurs de la guerre étrangère comme de la guerre civile ; toutes les illusions qui avaient égaré nos pères s'écroulaient en un instant sous nos yeux, et, le lendemain de ces désastres, nous n'apercevions pas le retour courageux d'un peuple sur lui-même décidé à rejeter ses erreurs et se refusant à de mensongères consolations. Les divisions reparaissaient plus vives que jamais. Les réformes urgentes étaient ajournées. Des luttes stériles épuisaient la vitalité du pays.

Bien des gens comprennent aujourd'hui le néant de ces agitations qui se perpétuent sans remédier à nos souffrances. Plus d'un penseur se demande si, dans les traditions du passé si dédaigneusement mises en oubli, il n'y avait pas des vérités essentielles que l'observation méthodique des peuples prospères nous démontre aujourd'hui.

Que les hommes de bonne foi, de paix et de bonne volonté tournent donc leurs efforts vers ces travaux consciencieux, poursuivis avec le seul amour du bien et du vrai. Nous les convions en particulier à ces recherches précises que dirige la méthode des monographies. Là est la voie qui ramène aux principes sociaux consacrés par l'expérience des nations. Ainsi se révéleront les véritables conditions de la réforme.

Il n'est pas excessif de dire que le salut de la France en dépend.

URBAIN GUÉRIN.

# TABLE DES MATIÈRES




IMPRIMERIE PAUL LEPRÊTRE ET Cⁱᵉ, DIEPPE.